Bernd Vogel

Absolute Weekly

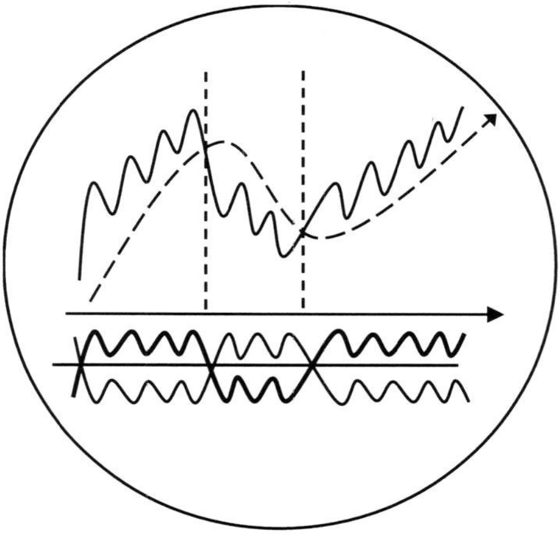

Danksagung:
Ein großer Dank geht an meine Frau und meine Tochter, die beide viel Verständnis hatten, wenn ich unzählige Stunden am PC verbrachte und mit bunten Linien jonglierte.

Bernd Vogel

Absolute Weekly

Trendfolgestrategien
auf Wochenbasis mit technischen
Indikatoren

Ein Praxisbuch für trendfolgende
Handelssysteme

Bibliografische Information der Deutschen Nationalbibliothek

Die deutsche Nationalbibliothek verzeichnet diese Publikation in der Deutschen Nationalbibliografie; detaillierte bibliografische Daten sind im Internet über http://dnb.d-nb.de abrufbar.

Risiko- und Haftungsausschluss:
Dieses Buch will keine Anlageempfehlung geben und enthält lediglich allgemeine Hinweise. Autor und Herausgeber haften nicht für etwaige Verluste, die aufgrund des Inhalts entstehen. Der Inhalt dient ausschließlich der Information und soll nicht als Aufforderung verstanden werden, eine Transaktion zu tätigen. Die vorgestellten Strategien und Informationen dürfen keinesfalls als allgemeine oder persönliche Beratung aufgefasst werden, da die Inhalte lediglich die subjektive Meinung des Verfassers widerspiegeln. Trotz sorgfältiger Bearbeitung kann für die Richtigkeit der Angaben und Kurse keine Gewähr übernommen werden. Alle Informationen stammen aus Quellen, die der Verfasser für zuverlässig und vertrauenswürdig hält. Positive Ergebnisse aus der Vergangenheit können zukünftige Ergebnisse nicht garantieren.

Herstellung und Verlag: Books on Demand GmbH, Norderstedt

ISBN 978-3-8482-0020-7

Aktualisierte und erweiterte Ausgabe

Inhalt

Vorwort

Die Börse ist wild. Ein ständiges Hin und Her, ein Auf und Ab der Kurse und Emotionen. An den Finanzmärkten spielen sie alle mit. Die Spekulanten, die institutionellen Investoren und die privaten Anleger. Bulle und Bär fechten täglich ihren Kampf aufs Neue aus. Jeder Marktteilnehmer versucht für sich, das Maximum heraus zu holen. Der eine kauft, während der andere verkauft. So funktioniert der Markt.

Doch wer macht Gewinn? Steigen oder fallen die Kurse? Soll ich einsteigen oder lieber abwarten? Welche Analystenmeinung ist richtig? Wie kann der private Anleger im Trubel der Märkte den Überblick behalten und dauerhaft profitabel investieren?

Im allgemeinen Börsengeschehen gibt es Investoren, die auf mittel- bis langfristige Sicht, kontinuierlich ihr Kapital an den Finanzmärkten steigern. Sie spekulieren nicht kurzfristig, sondern beurteilen anhand von Signalen ausgewählter technischer Indikatoren einzelne Märkte, Branchen, Fonds, etc. und investieren dort ihr Kapital, wo sich ein Trend etabliert hat. Sie bauen sich ein diversifiziertes Portfolio auf und handeln sowohl steigende, als auch fallende Märkte in Trendrichtung.

Für den längerfristig orientierten Investor ist es vollkommen ausreichend, am Wochenende sein Depot zu prüfen, um gegebenenfalls neue Handelsentscheidungen zu treffen. Risiken begrenzen, Gewinne laufen lassen, diese zum richtigen Zeitpunkt realisieren und das Portfolio neu ausrichten. So handelt ein erfolgreicher Investor.

Wenn auch Sie diese Strategie anwenden wollen, dann erfahren Sie in diesem Buch, wie man technische Indikatoren individuell einstellt, sinnvoll kombiniert und damit eigene Handelsideen entwickelt.

Absolute Weekly ist eines der wenigen Bücher, das Ihnen detailliert den Aufbau einzelner Trendfolgestrategien im Wochenchart erklärt. Sie können die Handelsideen direkt umsetzen und haben gleichzeitig das nötige Handwerkszeug in der Tasche, um selbst kreativ zu werden.

Das Spiel an der Börse

Als Privatanleger stehe ich immer wieder vor der Frage, wie ich dauerhaft gewinnbringend an den Märkten handeln kann. In Zeiten eines allgemeinen Aufwärtstrends an der Börse, wenn alle Indizes steigen, ist es für jeden einfach, Geld zu verdienen. Hat sich in den Boomjahren 1999/2000 nicht jeder Börsianer, der täglich mehrere hundert D-Mark (die gab es damals noch!) Depotzuwachs hatte, als Börsenprofi gefühlt?

Ich erinnere mich noch gut an eine Werbung, in welcher die Frage gestellt wurde, warum Ihr Bankberater noch arbeiten müsse, wenn er doch so intelligent sei und seine Materie perfekt beherrsche? Der Verkauf von Finanzzeitschriften boomte und wöchentlich wurden neue Aktien mit gigantischen Kurszielen empfohlen.

Vermittelt wurde die Illusion, dass jeder selbst ein erfolgreicher Börsenprofi sein könne, wenn er sich nur ein wenig mit der Materie beschäftigt. Ein paar Hochglanz-Börsenmagazine lesen, ein paar „geheime" Expertentipps umsetzen und schon rollt der Rubel.

Man musste nur etwas Kapital investieren und wurde mit Wachstum belohnt. Da hat man schon gerne mal einen Umweg hin zum Autohändler gemacht, um sich sein zukünftiges Traumauto anzuschauen. „Nur noch wenige Monate, dann sind wir alle reich...!". Die Gier war grenzenlos.

Es war egal welche Aktien an der NASDAQ oder am Neuen Markt (heute: TecDAX) gekauft wurden, das Kapitalwachstum war vorprogrammiert und ungebremst. Neuemissionen konnten gezeichnet werden und brachten am ersten Tag nicht selten schon Gewinne von weit über 50%. Es gab Highflyer, die in wenigen Monaten über 200% Zuwachs hatten. Einige Spekulanten nahmen zusätzlich einen Wertpapierkredit auf, mit dem Ziel, in kürzester Zeit zum Millionär aufzusteigen. Die Kombination von Kredit und Finanzprodukten mit Hebel ergab einen enormen Schub für das Depot. Investieren war leicht und das Kapital wuchs mühelos.

Wie ernüchternd war es jedoch, als die Party vorbei war, als die Spekulationsblase platzte und die meisten mit einem ordentlichen Kater aufwachten. Das schicke Depot, welches damals beispielsweise mit 10.000 D-Mark gestartet war, zwischenzeitlich bei über 80.000 D-Mark stand, zeigte nur noch ernüchternde 5.000 D-Mark an. Da half keine Schmerztablette, das Kapital war weg. Das Geld wurde umverteilt. Wer zuletzt kaufte war der Dumme. Die Ursache der Gewinne war nicht die eigene Kompetenz oder das angelesene Fachwissen, sondern allein das positive Marktumfeld, welches sich nun gedreht hatte.

Jedem Hobbyinvestor wurde der Spiegel vorgehalten, welch ein Narr er war. Das Gefühl ein Börsenprofi zu sein, war komplett verschwunden. Der Wandel vom Profi zum Doofi war offensichtlich. Jeder hatte deutlich gezeigt bekommen, dass er eigentlich nichts von der Börse verstand, sich selbst etwas vormachte und einfach nur Spielball von Angst und Gier war.

Das Ende wollte keiner sehen. „Die Bäume wachsen in den Himmel, die Börse ist eine gewinnbringende Einbahnstrasse“, so war die Einstellung. Die Zeche zahlten diejenigen, die bis zum Ende völlig überteuerte Aktien kauften und dann den Ausstieg verpassten oder überhaupt nicht an einen Verkauf dachten. „Eine kleine Konsolidierung, dann geht es weiter nach oben...“, so dachten noch immer viele.

Doch am Ende hat der Markt immer recht, völlig gleich was jeder Einzelne denkt und hofft. Selbst als der Höhepunkt vorbei war und der Abwärtstrend begonnen hatte, versuchten viele Anleger immer wieder „günstig“ einzusteigen, den hohen Einstiegskurs nochmals zu verbilligen, denn es musste einfach wieder nach oben gehen. Doch wer sich gegen den Trend stellt wird meistens überrollt.

Jetzt mal Hand aufs Herz! Wer war nicht schon einmal als Gewinner oder als Verlierer dabei? Diese Erfahrungen sind wichtig! Der eine gewinnt, der andere verliert. So wird das Spiel nun mal gespielt.

Viele neue Börsianer kehrten den Märkten schnell wieder den Rücken zu und wollten mit diesem „Teufelszeug“ nichts mehr zu tun haben. Dabei gibt es keine lukrativere Gelegenheit an den Märkten, als einen starken anhaltenden Trend. Diesen sollte man erkennen, in ihm Geld verdienen und konsequent aussteigen, wenn er zu Ende ist.

Betrachten wir unseren Heimatindex, den DAX, etwas genauer und untersuchen ihn auf große Trendphasen. Ich gehe bis ins Jahr 1995 zurück und beginne die Analyse bei einem Stand von 1.910 Punkten. In den Folgejahren zogen die Kurse stark an und erreichten im Jahr 2000 einen Höchststand von 8.065 Punkten, ein Anstieg um 6.155 Punkte bzw. unglaublichen 322%.

Dann kam die Geldmaschine ins Stocken, die Kurse brachen ein und stürzten ab bis ins Jahr 2003 auf 2.203 Punkte. Der Index verlor 5.862 Punkte, über 72% an Kurswert. Nach diesem Schock erklärten viele Marktteilnehmer die Börse für tot und verließen mit verbrannten Fingern das Parkett.

Doch Totgeglaubte leben länger. Nach diesem Sturz erholte sich der DAX bis ins Jahr 2007 und kletterte auf den höchsten Stand der Geschichte, auf 8.105 Punkte. Ein Plus von 5.902 Punkten bzw. 268%. Da die meisten Privatinvestoren noch den letzten Schock verdauten, schauten viele den Kursen hinterher, ohne einen Cent zu verdienen.

Dann kam die „Finanzkrise“ und der Markt stürzte von 2007 bis ins Jahr 2009 ab auf 3.666 Punkte. Er verlor 4.439 Punkte bzw. rund 55%. Hatten Sie in dieser Zeit Angst um die Sicherheit Ihres Geldes oder haben Sie mit einem Shortprodukt auf fallende Kurse gesetzt und damit Ihren Kontostand aufgebessert?

Anschließend steigt der Phönix erneut aus der Asche. Der DAX klettert von seinem letzten Tiefstand bis zum Mai 2011 auf 7.527 Punkte, ein Anstieg von 3.861 Punkten bzw. rund 105%. Waren Sie diesmal dabei oder suchten Sie ständig nach dem richtigen Einstiegszeitpunkt, ohne ihn zu finden?

Im Sommer 2011 beherrschte die „Eurokrise“ alle politischen und wirtschaftlichen Nachrichten und schürte Angst bei den Anlegern. Die Börse reagierte darauf mit fallenden Kursen. Vom letzten Höchststand fällt der Index bis zum 31.12.2011 (der Zeitpunkt an dem ich diese Ausgabe schreibe) auf 5.898 Punkte. Ein Kursverfall von bislang 1.629 Punkten bzw. -22%.

Seit 1995 waren dies drei starke Aufwärtstrends und drei deutliche Abwärtstrends (Abb. 1).

Abb. 1

In jeder Marktphase, war gutes Geld zu verdienen. Doch oft stehen wir uns durch unsere Emotionen selbst im Weg und sind zu blockiert, um rationale Handelsentscheidungen zu treffen.

Entstehung eines Trends

Ist das Spekulieren an der Börse reines Glücksspiel oder können wir aus dem Verhalten der Marktteilnehmer einen Vorteil für uns erkennen?

Wenn ich eine Münze werfe, wird immer entweder Kopf oder Zahl oben liegen. Tue ich dies 1.000-mal, werde ich nahezu eine Gleichverteilung von Kopf und Zahl erreichen. Natürlich gibt es bei diesem Experiment Phasen, in denen sich Kopf oder Zahl mehrmals hintereinander wiederholen. Dies gleicht sich jedoch über die Menge der Würfe stets aus. Die Münze interessiert es nicht, ob beim Wurf zuvor Kopf oder Zahl geworfen wurde und der Münzwerfer hat auf das Ergebnis keinen Einfluss. Mit jedem Wurf stehen die Chancen 50 zu 50. Wenn ich bei Kopf einen Euro gewinne und bei Zahl einen Euro verliere, habe ich auf lange Sicht ein Null-Summen-Spiel ohne Profit.

Bei der Börse könnte man nun annehmen, dass dies ebenso ist. Ich kaufe eine Aktie und habe stets die gleiche Chance auf steigende oder fallende Kurse. Jeder Tag wäre damit unabhängig vom Kursverlauf des Vortags. In der Realität ist dies jedoch nicht so. Anders als der Münzwerfer haben die Marktteilnehmer durch ihre Kauf- und Verkaufentscheidungen einen direkten Einfluss auf das Marktgeschehen und werden bei ihren Handelsentscheidungen durch ihre Emotionen gelenkt.

Die Masse der Spekulanten ist getrieben von Angst und Gier. Es gibt die Angst, dass man bei einem Kursanstieg nicht dabei ist. Es gibt die Angst, dabei zu sein, wenn die Kurse schnell wieder zusammenbrechen, was zu Verlusten führt. Es gibt die stetige Gier nach dem schnellen Geld. Mit Geld mehr Geld verdienen, Kapitalismus in Reinkultur.

Entwickelt sich eine Aktie positiv, aufgrund welcher Daten auch immer, so wird sie interessant für die Marktteilnehmer. Je besser sie sich entwickelt, desto mehr Aufmerksamkeit erhält sie. Institutionelle Anleger steigen ein, der Kurs zieht an. Dann werden Börsenzeitschriften, Börsenbriefe, etc. darauf aufmerksam und raten zum Einstieg. Die Anzahl der Käufer steigt und die Nachfrage treibt den Preis weiter nach oben. Jeder will dabei sein. Letztendlich treiben die Emotionen der Anleger den Kurs nach oben. So entsteht ein Aufwärtstrend, möglicherweise bis hin zu einer maßlos übertriebenen Spekulationsblase. Steigende Kurse ziehen immer mehr Käufer an, was zu weiter steigenden Kursen führt. Dies funktioniert so lange, wie frisches Kapital in den Markt fließt.

Wenn der Trend seinem Ende nahe ist und die Nachfrage nachlässt, dann ist die breite Masse investiert und die Zahl der Käufer nimmt kontinuierlich ab. Es fließt nur noch wenig neues Kapital in den Markt. Jetzt nehmen die ersten Spekulanten ihre Gewinne mit. Wer rechtzeitig eingestiegen war, macht nun Kasse. Das Angebot an Aktien beginnt zu steigen, die Kurse fangen langsam an zu kippen. Der Markt geht sehr oft in eine Seitwärtsphase über, in der erste Gewinnmitnahmen stattfinden. In dieser Phase denken nun auch die letzten Spieler, die noch etwas Geld übrig haben, dass sie bei kleinen Kursrücksetzern noch „günstig" einsteigen können. Einige von ihnen, die auf höchstem Niveau Positionen eröffneten, wollen ihren Einstiegskurs noch einmal verbilligen. Angebot und Nachfrage halten sich die Waage. Der Markt pendelt hin und her, kann aber nicht mehr signifikant steigen.

Weitere Gewinnmitnahmen drücken auf den Preis und irgendwann kippt der Trend in Richtung Süden. Nun geht es Schlag auf Schlag. Viele Aktien erregen nun negative Aufmerksamkeit, es wird teilweise in Börsenpublikationen zum Verkauf geraten. Der fallende Trend wird genährt von weiteren Verkäufen und Gewinnmitnahmen. Dann reißen die StopLoss-Level in vielen privaten Depots nacheinander. Der Abwärtstrend gewinnt an Dynamik, das Angebot steigt rapide und ein steigendes Angebot drückt bekanntlich den Preis.

Es kommt teilweise zu Gegenbewegungen, da manche schon wieder denken, Aktien sind wieder günstig zu haben. Dabei spielen Bewertungen und Fundamentaldaten an dieser Stelle kaum eine Rolle. Der Kurs fällt bis zu dem Punkt, an dem der Angebotsdruck nachlässt. In der Regel wurde die Abwärtsbewegung übertrieben, was oft zu einer spitzen Kehrtwende im Kursverlauf führt. Die ersten Investoren sehen ihre Chance gekommen und steigen wieder auf tiefem Niveau ein. Der Aktienmarkt ist wieder günstig bewertet und das Spiel beginnt von neuem.

Die folgende Grafik (Abb. 2) zeigt einen typischen Trendverlauf beim DAX:

Abb. 2

In der Regel steigt der Kurs flach an (Käufer werden nach und nach angezogen), geht dann in eine Seitwärtsbewegung über (Gewinnmitnahmen und letzte Käufe beherrschen das Parkett), um dann, wenn auch die letzten Käufer investiert sind und die Nachfrage nachlässt, wieder zu kippen. Die Abwärtsphase ist dann eher steil (Gewinnmitnahmen und StopLoss-Verkäufe). Nach dem Zusammenbruch erfolgt die Kehrtwende oft in einer spitzen Formation (Neupositionierung nach einer Abwärtsübertreibung).

Zu Beginn des 20. Jahrhunderts untersuchte Charles Dow in den USA die Kursbewegungen an den Aktienmärkten. Er veröffentlichte seine Erkenntnisse in diversen Artikeln im Wall Street Journal, woraus in den Folgejahren die so genannte „Dow Theorie“ entstand. Diese Theorie beinhaltet Aussagen zu Trendbewegungen sowie verschiedene Erkenntnisse zum Verhalten der Märkte und zur Bedeutung des Handelsvolumens.

Ein Markt funktioniert grundsätzlich durch das Zusammenspiel von Angebot und Nachfrage. Dabei gibt es stets Angebots- oder Nachfrageüberhänge, die sich in kurzen Zeiträumen abwechseln. Wenn innerhalb eines Aufwärtstrends die Nachfrage ansteigt, bewegt sich der Kursverlauf mehrere aufeinander folgende Zeitperioden in Trendrichtung. Daran schließt sich eine meist kürzere Korrekturphase an, in der die Kurse, aufgrund eines steigenden Angebots, wieder einige Zeitperioden leicht nachgeben. Diese Bewegungen in Trendrichtung und Korrekturen gegen die Trendrichtung sind verantwortlich für den typischen Zick-Zack-Verlauf einer Kurszeitreihe

Die Dow Theorie definiert einen Aufwärtstrend als existent, solange die aktuelle Kursbewegung in Trendrichtung ein höheres Niveau erreicht, als die vorhergehende Kursbewegung. Ebenso zeigt eine aktuelle Korrektur innerhalb eines Aufwärtstrends stets ein höheres Tief, als die vorhergehende Korrekturbewegung. Allgemein lässt sich festhalten, dass höhere Hochs und höhere Tiefs einen Aufwärtstrend definieren, während ein Abwärtstrend aus fallenden Tiefs und fallenden Hochs besteht. Damit bestätigt ein neuer Höchstkurs einen bestehenden Aufwärtstrend und ein Tiefkurs, der unter das Tief der vorhergehenden Korrekturbewegung fällt, signalisiert einen Trendbruch. Trendphasen und Trendwenden lassen sich damit direkt im Chartverlauf erkennen.

Die folgende Grafik (Abb. 3) zeigt einen typischen Abwärts- und Aufwärtstrend:

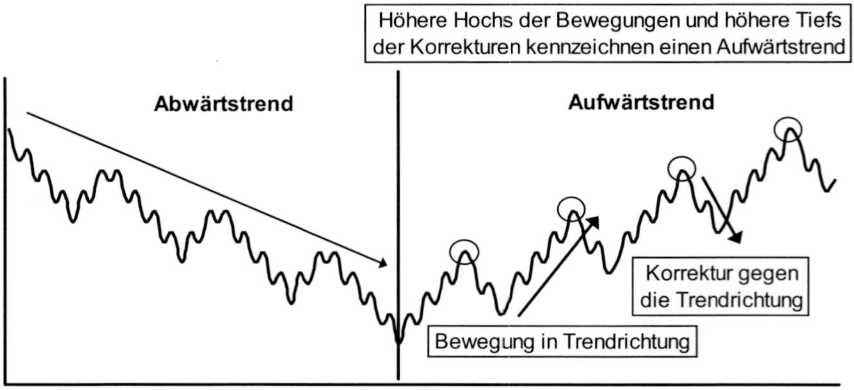

Abb. 3

Innerhalb des Aufwärtstrends habe ich die längere Bewegung und die kürzere Korrektur eingezeichnet. Ebenso sehen Sie im Aufwärtstrend die höheren Hochs der Bewegungen und die höheren Tiefs der Korrekturen.

Aus diesem typischen Chartverlauf innerhalb eines Trends lässt sich eine grundlegende Handelsregel zur Nutzung eines Aufwärtstrends ableiten: „Kaufe bei einem neuen Hoch“.

Die Logik, welche hinter dieser Regel steckt, sehen Sie nochmal in der folgenden Grafik (Abb. 4):

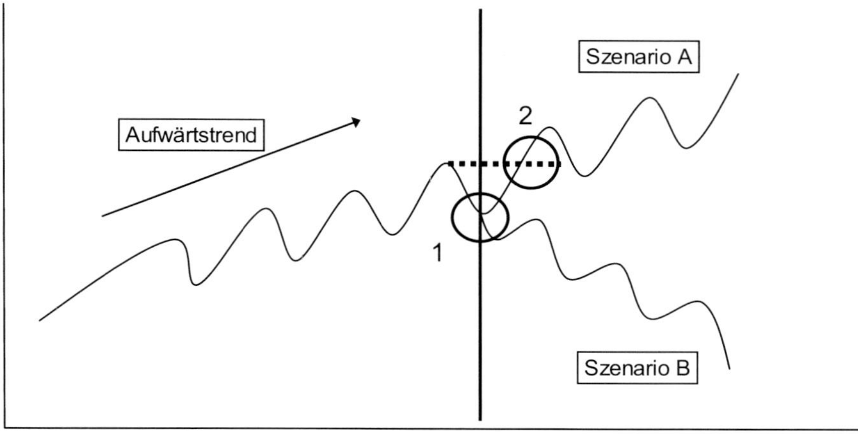

Abb. 4

Der Markt zeigt einen Aufwärtstrend. Aktuell befinde ich mich an Punkt 1 und überlege, in den Markt einzusteigen. An diesem Punkt ist es völlig offen, ob sich Szenario A (Weiterführung des Aufwärtstrends) oder Szenario B (Übergang in einen Abwärtstrend) anschließt. Was tun?

Gemäß der Regel „Kaufe neue Hochs“ warte ich ab, bis Punkt 2 eintritt. Der Kurs übersteigt sein letztes Hoch. Es wird sich mit hoher Wahrscheinlichkeit Szenario A durchsetzen. Daher bietet es sich an, bei Überschreiten des letzten Hochs eine trendfolgende Position zu eröffnen.

Diese Informationen zur Trendentstehung und zum Trendverlauf werden wir zum Aufbau einer Handelsstrategie nutzen.

Entwicklung einer Strategie

Jeder, der sich mit den Kapitalmärkten beschäftigt, hat schon von technischen Indikatoren gehört. MACD, Aroon, Stochastik, Momentum, gleitende Durchschnitte, etc. sind Beispiele für viele bunte Linien, die oft bei Chartanalysen in Börsenzeitschriften und TV-Sendungen auftauchen.

Technische Indikatoren sind Kennzahlen der Chartanalyse, die Entwicklungstendenzen des Börsenkurses anzeigen. Sie werden anhand mathematischer Berechnungen von Kurszeitreihen ermittelt. Jenseits aller Fundamentaldaten und Wirtschaftsmeldungen leiten sie sich direkt vom Kursverlauf ab und geben Handelssignale, wenn definierte Grenzwerte erreicht werden. Diese Indikatoren lassen sich miteinander kombinieren und individuell einstellen.

Eine Börsenstrategie wird mit fest definierten Handelsregeln ausgestattet. Technische Indikatoren erzeugen dabei stets identische Signale, was dazu führt, dass jede Börsenaktivität nach demselben Muster abläuft. Jeder Kauf oder Verkauf ist duplizierbar und aufgrund klarer Regeln transparent und objektiv nachvollziehbar.

Durch die strikte Umsetzung der erzeugten Signale werden Emotionen wie Angst und Gier aus dem Handel herausgenommen und allein der Kursverlauf entscheidet über die Handelsaktivität. Ein Kursverlauf kann niemals für die Zukunft vorhergesagt werden. Es ist eher ein Arbeiten mit Wahrscheinlichkeiten, eine Art Trend-Richtungs-Prognose. Wenn ein Trend intakt ist, wird er sich mit hoher Wahrscheinlichkeit nicht am nächsten Tag vollkommen umkehren, sofern nicht außergewöhnliche Ereignisse über Nacht die Welt verändern.

Es gibt unzählige Möglichkeiten, Handelsideen mit technischen Indikatoren aufzubauen. Das Thema sollte Ihnen Spaß machen. Sie sollten eine gewisse Affinität zu Zahlen mitbringen. Wenn Sie von der Thematik begeistert sind, dann wird dies Ihre Motivation sein, für das experimentelle Testen und Gestalten von Handelsstrategien.

Doch wie entwickelt man eine Strategie? Zunächst benötigt man die Möglichkeit, Indikatoren in einen Chart einzublenden und deren Einstellung zu variieren. Um eine vernünftige Handelsidee definieren zu können, genügt es nicht, voreingestellte Indikatoren in den Chart zu laden.

Eine individuelle Indikatoreinstellung ist bei der Strategieentwicklung von entscheidender Bedeutung.

Ich persönlich verwende hierzu ein Chartanalyse-Tool, das meine Bank kostenfrei für ihre Kunden anbietet und auf welches ich direkten Zugriff über deren Website habe. Damit kann ich die gängigsten technischen Indikatoren individuell einstellen, untereinander kombinieren und als Strategie speichern. Los geht's! Finden Sie Ihr Analysetool im Internet (Beispiele: comdirect, godmode-trader, tradesignal, etc.) und testen Sie die nachfolgenden Beschreibungen gleich in der Praxis.

Ziel der Strategie ist es, einen stabilen Aufwärtstrend aufzuspüren und diesen gewinnbringend zu nutzen. <u>Steigen die Märkte</u>, finde ich in jedem Index oder Fonds einen Aufwärtstrend. <u>Fallen die Märkte</u>, finde ich den gesuchten Aufwärtstrend bei Shortprodukten, die einen Index invers abbilden. Der Kurs des Index steigt im Produkt an, während er real fällt. Auf die Möglichkeiten der Produktauswahl komme ich in einem späteren Kapitel zurück.

Ich habe Ihnen bereits erklärt, wie Trends entstehen und wie sie verlaufen. Die logische Folge daraus ist, zu dem Zeitpunkt in einen Markt zu investieren, an dem sich ein Trend etabliert hat. Ich steige nicht am tiefsten Punkt ein, nicht direkt bei der Trendwende, sondern verschen-

ke den ersten Teil des Anstiegs, um dann in den st
investieren, wenn sich der Trend stabilisiert hat. Eir
kenne ich erst, wenn Sie bereits vollzogen ist. Wen
einmal richtig Fahrt aufgenommen hat, ändert er se
spontan.

Die folgende Grafik (Abb. 5) zeigt den „verspäteten'
sowie die gesamte Investitionsphase innerhalb eine:

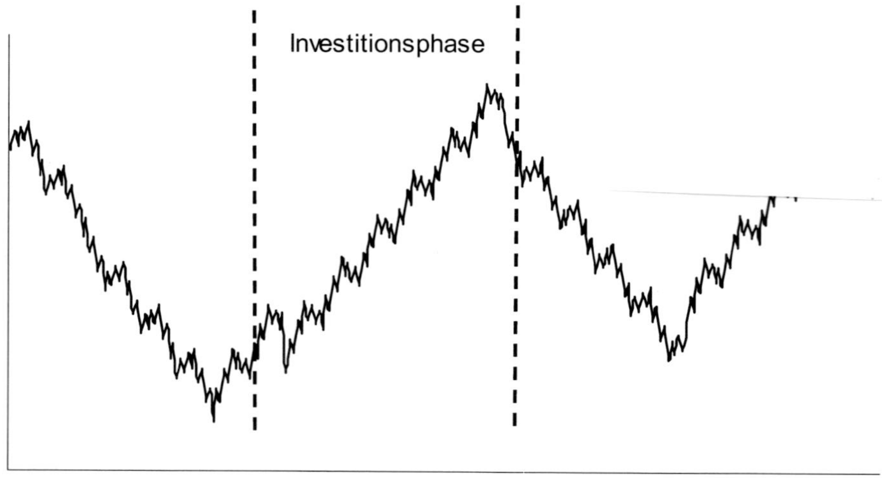

Abb. 5

Ich springe auf einen fahrenden Zug auf und wenn der Zug am Ende der Strecke langsam ausrollt, springe ich wieder ab. Das ist die Strategie eines Trendfolgers.

Mein Ziel ist es, eine mittel- bis langfristige Strategie zu entwickeln, mit welcher ich in starken Trendphasen über Monate hinweg investiert bleiben kann. Über die Zeitebene, in der ich die Strategie aufbaue, bestimme ich den Depot-Pflegeaufwand und die Handelsfrequenz.

Es soll für einen Privatanleger ausreichend sein, das Depot mit einem minimalen Zeitaufwand - einmal wöchentlich - zu kontrollieren. Ich prüfe am Wochenende mein Depot und treffe meine Handelsentscheidungen. Eine eventuelle Order gebe ich dann zum ersten Handelstag der Folgewoche auf. Daher arbeite ich bei meinen Strategien ausschließlich mit einem Wochenchart, der sich als Liniendiagramm auf die Schlusskurse der einzelnen Handelswochen beschränkt. Damit habe ich meine Zeitebene definiert.

Durch die Verwendung eines Wochencharts kann ich zusätzlich das tägliche „Marktrauschen", das kurzfristige flatterhafte Schwanken des Kurses unter der Woche, elegant herausfiltern, da nur Wochenschlusskurse relevant sind.

Um Handelssignale zu erzeugen, werden technische Indikatoren für den Anlagehorizont individuell eingestellt. Die Signale sollen den Einstiegszeitpunkt und den Ausstiegszeitpunkt anzeigen. Dabei produziert jeder Indikator Fehlsignale, beispielsweise ein zu früher Ausstieg mit anschließendem Wiedereinstieg oder einen Einstieg in eine Position, die kurz hinterher wieder aufgelöst wird. Daher ist es wichtig, unterschiedliche Indikatoren miteinander zu kombinieren.

> Durch die Kombination verschiedener technischer Indikatoren werden Handelssignale gegenseitig bestätigt und Fehlsignale herausgefiltert.

Wenn ich mir einen Wochenchart mit einem Zeitfenster von fünf Jahren anschaue, dann erkenne ich Aufwärtstrendphasen mit markanten Bereichen, in denen Einstiege und Ausstiege sinnvoll gewesen wären.

Die nachfolgende Grafik (Abb. 6) zeigt solche markanten Bereiche:

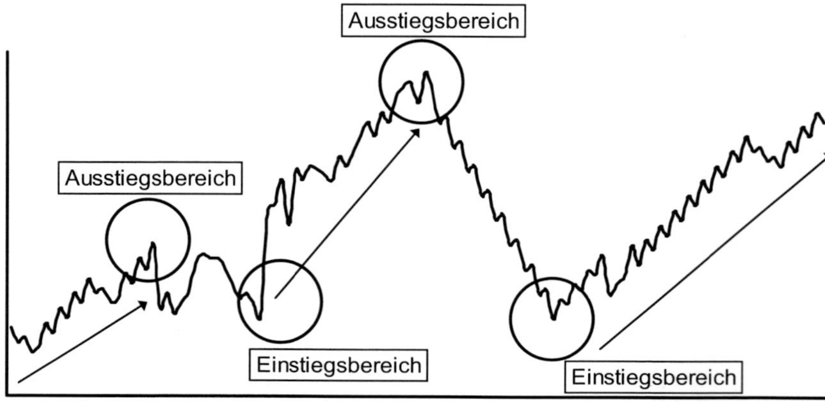

Abb. 6

Der bestehende Aufwärtstrend wird zunächst durch eine starke Korrekturphase unterbrochen und nimmt dann erneut Fahrt auf. Zur Risikobegrenzung sollte ich zunächst eine bestehende Position schließen und bei einem sich fortsetzenden Trend erneut einsteigen.

Ich versuche nun mit einzelnen Indikatoren, Ein- und Ausstiegssignale an diesen markanten Chartpunkten zu erzeugen, um den Aufwärtstrend einzufangen. Hierzu blende ich beispielsweise einen einfachen gleitenden Durchschnitt in den Chart ein und verändere die Länge dahingehend, dass sich die Kurslinie und die Durchschnittslinie im Bereich der signifikanten Punkte schneiden. Diese Durchschnittslinie berechnet sich aus der Summe aller Kurswerte des eingestellten Zeitraums, dividiert durch die Anzahl der Kurse.

Bei dieser einfachen Handelsidee würde bei einem Aufwärtstrend ein Kreuzen der Kurslinie mit dem Durchschnitt von unten nach oben ein Einstiegssignal und das Kreuzen von oben nach unten ein Ausstiegssignal erzeugen.

Die Grafik (Abb. 7) zeigt die Handelssignale beim Einsatz eines einfachen 20-Wochendurchschnitts:

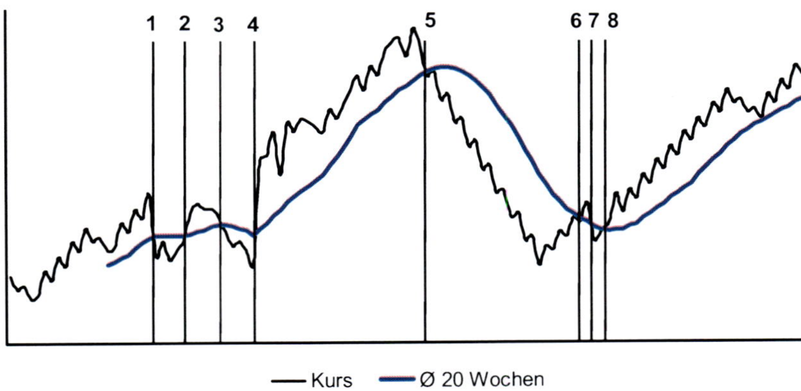

Abb. 7

Eine vorhandene Investition in den bisherigen Aufwärtstrend wird an Punkt 1 verkauft, weil der Kurs unter den Durchschnitt fällt. An Punkt 2 erfolgt per Definition wieder ein Einstieg, da der Kurs die Durchschnittslinie nach oben schneidet. An Punkt 3 wird diese Position wieder verkauft, da der Kurs wieder unter den Durchschnitt fällt. Der Kauf an Punkt 2 war ein Fehlsignal. Der nächste Einstieg erfolgt an Punkt 4. Der Aufwärtstrend wird gewinnbringend gehandelt und die Position an Punkt 5 verkauft, sobald der Kurs unter die Durchschnittslinie fällt. An Punkt 6 wird wieder eine Position eröffnet, was sich an Punkt 7 als Fehlsignal entpuppt, worauf sie wieder aufgelöst wird. An Punkt 8 erfolgt dann der Einstieg in den neuen langfristigen Aufwärtstrend.

Die Ein- und Ausstiege werden gut signalisiert, jedoch kommt es dazwischen zu einigen Fehlsignalen, da in manchen Korrekturphasen unnötig oft die Durchschnittslinie kurzzeitig durchbrochen wird. Wie kann ich diese Handelsidee optimieren?

Ich nehme beispielsweise eine zweite kürzere Durchschnittslinie über acht Wochen mit dazu, um die Kurslinie zu glätten und so die kurzen Schwankungen zu neutralisieren. Ein- und Ausstiegssignale werden nun durch das Kreuzen der beiden Durchschnitte erzeugt, wodurch ich weniger Fehlsignale erhalte, dafür aber einen etwas späteren Ein- und Ausstiegszeitpunkt. Schneidet die kürzere Durchschnittslinie die längere von unten nach oben, signalisiert dies einen Einstiegspunkt, schneidet der kürzere Durchschnitt den längeren von oben nach unten, signalisiert dies eine Positionsschließung.

Die folgende Grafik (Abb. 8) zeigt die erweiterte Handelsidee:

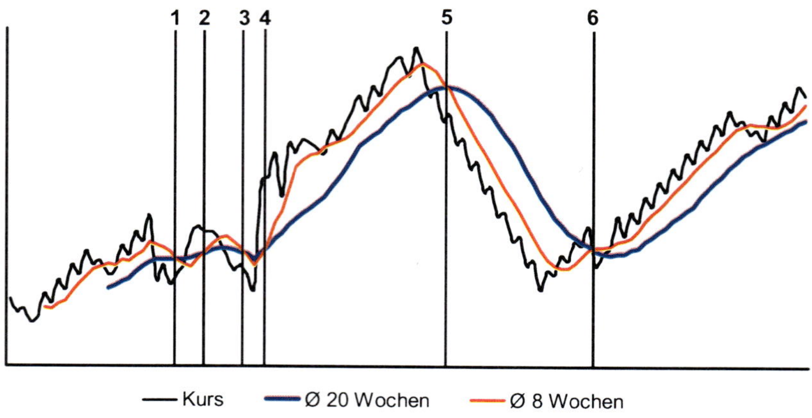

Abb. 8

An Punkt 1 erfolgt der Ausstieg aus dem beendeten Aufwärtstrend, da sich die Durchschnittslinien kreuzen. Die Punkte 2 und 3 zeigen weiterhin das Fehlsignal. An Punkt 4 wird in den Aufwärtstrend wieder eingestiegen und an Punkt 5 wird die Position mit Gewinn verkauft. Der Einstieg in den nächsten Aufwärtstrend findet an Punkt 6 statt. Durch die Erweiterung der Handelsidee vermeide ich das Fehlsignal zu Beginn des letzten großen Aufwärtstrends. Dennoch bin ich mit dem Fehlsignal an Punkt 2 unzufrieden. Wie kann ich die Handelsidee weiter optimieren?

Wie ich bereits beschrieben habe, zeichnet sich ein intakter Aufwärtstrend dadurch aus, dass er stets neue aufeinander folgende Höchstwerte produziert. Nach einer Korrektur darf ich also erst einsteigen, wenn das letzte Hoch erneut überschritten wird, denn dann ist der Aufwärtstrend weiterhin intakt.

In die bisherige Handelsidee baue ich einen dritten Indikator ein, den Aroon up/down. Dieser Indikator zeigt mir innerhalb einer festgelegten Zeitperiode neue Höchst- und neue Tiefstkurse an. Beim Aroon up/down wird der Zeitpunkt des letzten Höchst- bzw. Tiefstkurses innerhalb des eingestellten Zeitraums ins Verhältnis zum aktuellen Kurs gesetzt. Der Aroon up misst, wieviel Zeit seit dem letzten Höchstkurs innerhalb der definierten Zeitperiode vergangen ist und gibt dies prozentual an.

Ist der aktuelle Kurs der Höchstkurs innerhalb der eingestellten Zeitperiode, liegt der Aroon up bei 100. War der Höchstkurs am ersten Tag in der Zeitperiode, liegt der Aroon up bei 0. Je höher der Aroon up, desto näher liegt der letzte Höchstkurs beim aktuellen Kurs. Beim Aroon down verhält es sich mit den Tiefstkursen analog.

Hierzu drei Beispiele:

Der Aroon up (10) wird für die Zeiteinheit "11" berechnet.
Dabei werden die 10 vorhergehenden Zeiteinheiten berücksichtigt
11 = aktueller Zeitpunkt

Beispiel 1

Zeiteinheiten	1	2	3	4	5	6	7	8	9	10	**11**
Kurs	10	12	15	18	20	19	17	16	18	15	**14**
Vergangene Zeiteinheiten					**6**	5	4	3	2	1	0

Vergangene Zeiteinheiten seit letztem Hoch = 6
Aroon up = ((Zeiteinheiten - Einheiten seit letztem Hoch) / Zeiteinheiten) * 100
Aroon up = ((10 - 6) / 10)*100 = 40

Beispiel 2

Zeiteinheiten	1	2	3	4	5	6	7	8	9	10	**11**
Kurs	20	19	18	17	16	15	14	13	12	11	**10**
Verg. Zeit	**10**	9	8	7	6	5	4	3	2	1	0

Höchstkurs bei erster Zeiteinheit
Vergangene Zeiteinheiten seit letztem Hoch = 10
Aroon up =((10 - 10) / 10)*100 = 0

Beispiel 3

Zeiteinheiten	1	2	3	4	5	6	7	8	9	10	**11**
Kurs	10	11	12	13	14	15	16	17	18	19	**20**
Vergangene Zeiteinheiten											**0**

Höchstkurs bei aktueller Zeiteinheit
Vergangene Zeiteinheiten seit letztem Hoch = 0
Aroon up =((10 - 0) / 10)*100 = 100

Ich definiere beim Aroon up/down einen Zeitraum von beispielsweise 15 Wochen und verändere die Einstiegsregel dahingehend, dass der Einstieg in einen Aufwärtstrend nur dann erfolgt, wenn der kürzere

Durchschnitt über dem längeren Durchschnitt liegt und zusätzlich der Aroon up ein neues 15-Wochenhoch anzeigt. Der Aroon up hat dann den Wert 100. Die Aroon up Kurve stößt dabei an die obere Begrenzung des Diagramms. Der Ausstieg bleibt wie bisher durch das Schneiden der beiden Durchschnitte definiert.

Die Grafik (Abb. 9) zeigt nun die vollständige Handelsidee:

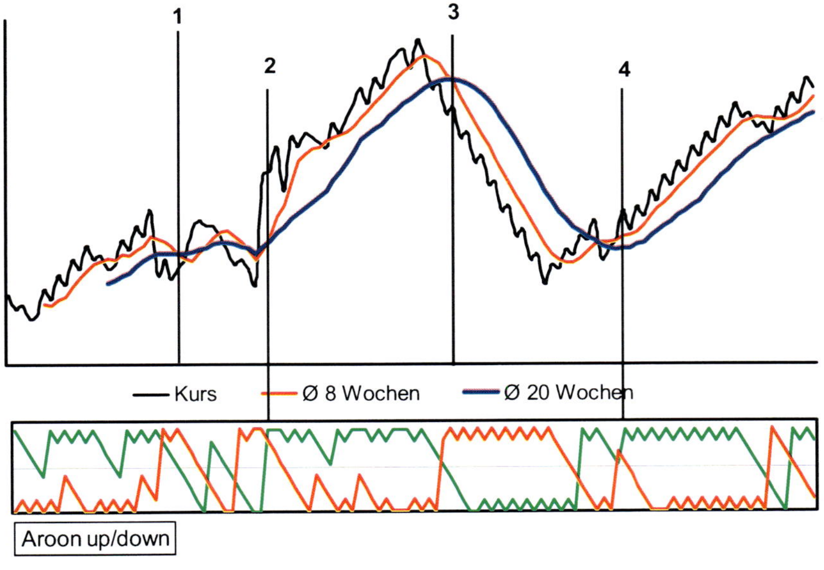

Abb. 9

Der Ausstieg aus dem bestehenden Aufwärtstrend findet an Punkt 1 statt. Der Einstieg in den nächsten Aufwärtstrend findet an Punkt 2 statt, wenn der kurze über dem langen Durchschnitt liegt und der Aroon up (grüne Linie) den Wert 100 (ein neues 15-Wochenhoch) anzeigt. Der Ausstieg erfolgt dann an Punkt 3 beim Kreuzen der Durchschnitte. Die nächste Position für den neuen Aufwärtstrend wird an Punkt 4 eröffnet, wenn der Aroon up ein neues Hoch signalisiert und der kürzere Durchschnitt über dem längeren liegt. In diesem Beispiel konnten alle

Fehlsignale durch die Kombination verschiedener Indikatoren vermieden werden, während die großen Trends gehandelt wurden.

Und schon sind wir mitten drin in der Entwicklung einer Handelsstrategie. Dieses Beispiel ist noch keine funktionsfähige Handelsidee. Es geht mir hier hauptsächlich darum, Ihnen zu zeigen, wie Sie an die Sache rangehen können. Auf diese Art können Sie technische Indikatoren individuell einstellen und kombinieren, damit sie gegenseitig Fehlsignale filtern und Handelssignale bestätigen.

Wenn Sie viele Indikatoren testen und mit den Einstellungen spielen, werden Sie letztendlich einige wenige Instrumente finden, die Sie für Ihre Zwecke als sinnvoll erachten. Mit diesen können Sie dann Ihre persönliche Strategie entwickeln.

Es ist möglich, beispielsweise beim DAX, eine Strategie zu definieren und die einzelnen Indikatoren im Vergangenheitstest supergenau auf die Kurse der letzten drei Jahre einzustellen. Das verleiht das sichere Gefühl, eine Top-Strategie in der Tasche zu haben. In der Realität sieht das leider anders aus. Weder werden die Lottozahlen der letzten Jahre genau so erneut gezogen, noch entwickeln sich die zukünftigen Kurse beim DAX genau so wie in den letzten drei Jahren. Der überoptimierte Maßanzug wird nicht passen. Eine solche Überoptimierung, ist bei der Strategieentwicklung in jedem Fall zu vermeiden.

Eine zukunftstaugliche Strategie muss eine gewisse Flexibilität mitbringen. Wenn ich beispielsweise einen gleitenden Durchschnitt von 16 Wochen als Indikator verwende, weil genau dieser in den letzten drei Jahren das beste Ergebnis erzielte und haarscharf an der Kurslinie entlang lief, dann habe ich an dieser Stelle das Korsett zu eng gezogen und schon eine Überoptimierung in die Handelsidee eingebaut. Wenn ich den Indikator auf 20 Wochen einstelle, erhalte ich eine höhere Flexibilität, insbesondere, wenn ich die Strategie in unterschiedlichen Märkten (Aktien, Rohstoffe, etc.) einsetzen möchte.

Ebenso sollte ich meine Strategie auf ähnlichen Märkten testen. Eine Strategie, die beispielsweise am DAX entwickelt wurde, muss auch beim DowJones oder bei einem europäischen oder internationalen Aktienfonds funktionieren, ansonsten ist sie nicht universell einsetzbar.

In den folgenden Kapiteln beschreibe ich die Entwicklung und Umsetzung verschiedener Wochenstrategien. Diese sollen Ihnen als Beispiele dienen, wie Sie selbst eigene Handelsideen entwickeln können.

Parallel zum Lesen empfehle ich Ihnen, direkt in Ihrem Analysetool die beschriebenen Indikatoreinstellungen und Kombinationen nachzuvollziehen. Starten wir durch und konstruieren im Wochenchart eine komplette Wochenstrategie.

Die Trendhoch-Strategie

Rahmenbedingungen für die Trendhoch-Strategie:

- Mittel- bis langfristiger Anlagehorizont
- Separate Trenderkennung
- Einstieg bei neuem Hoch innerhalb eines Trends
- Ausstieg beim Bruch des mittelfristigen Trends

Trenderkennung

Mit einem gleitenden Durchschnitt kann man sehr einfach einen Trend sichtbar machen. Wenn ich mir in einem längerfristigen Wochenchart den DAX mit einem gleitenden Durchschnitt über 50 Wochen anschaue (Abb. 10), dann stelle ich fest, dass der Kurs in einem ausgeprägten Aufwärtstrend über der Durchschnittslinie liegt. In einem Abwärtstrend bewegt sich der Kurs unterhalb der Durchschnittslinie.

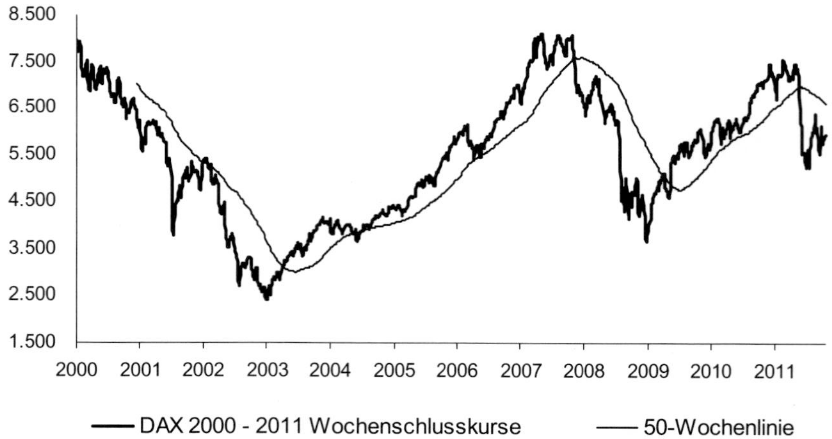

Abb. 10

Wäre ich in den letzten Jahren nur in der Zeit in den DAX investiert gewesen, in welcher der Index über seinem 50-Wochendurchschnitt gelegen hat, dann hätte ich gutes Geld verdient. Fiel der Kurs darunter, hätte ich die Position geschlossen, damit das Risiko begrenzt und mein Kapital sicher auf einem Tagesgeldkonto geparkt.

Wenn sich dann nach einer Kehrtwende ein neuer Aufwärtstrend etabliert hatte und der Index wieder über die 50-Wochenlinie gestiegen war, hätte ich meine Position, verglichen mit dem Kurs zum Zeitpunkt des Ausstiegs, zu einem wesentlich tieferen Kurs wieder eröffnen können.

Ich hätte keine größeren Abwärtsphasen durchstehen müssen und wäre positiver und nervenschonender gefahren, als mit einer „Kaufen-und-halten-Strategie“ durchs Tal der Tränen. Letztendlich hätte ich mehr Gewinn realisiert, da ich relativ hoch ausgestiegen wäre, um erneut relativ niedrig wieder einzusteigen. Diese einfache Trenderkennung hätte ausgereicht, um am Markt relativ profitabel und risikobegrenzt zu handeln.

Von gleitenden Durchschnitten gibt es mehrere Varianten. Die bekanntesten und nahezu in jedem Analysetool verfügbaren sind folgende:

Einfacher gleitender Durchschnitt
(SMA - Simple Moving Average)

Exponentieller gleitender Durchschnitt
(EMA - Exponential Moving Average)

Gewichteter gleitender Durchschnitt
(WMA - Weighted Moving Average)

Beim EMA und WMA werden in der Berechnung aktuellere Kurse stärker gewichtet, was dazu führt, dass die Durchschnittslinie schneller auf aktuelle Veränderungen im Chart reagiert, während beim SMA alle Kurse gleich gewichtet werden. Wenn ich einzelne Durchschnittslinien als Indikatoren einsetze, verwende ich als kurzfristigen Durchschnitt häufig einen EMA oder WMA, weil diese den Kurs zwar glätten aber dennoch aktuelle Kursänderungen nicht zu sehr abmildern, während ein längerfristiger Durchschnitt bei mir eher ein SMA sein wird.

Um den langfristigen Trend eines Marktes zu bestimmen, benutze ich zwei gleitende Durchschnittslinien. Ich kombiniere dabei einen kürzeren Durchschnitt, der den Kursverlauf leicht glättet und einen längerfristigen, der den eigentlichen großen Trend anzeigt. Schneidet der kürzere Durchschnitt den längeren von unten nach oben, dann hat sich ein Aufwärtstrend gebildet. Liegt der kürzere unter dem längeren Durchschnitt, dann befindet sich der Markt in einem Abwärtstrend.

Diese einfache Regel ist zur Trenderkennung absolut ausreichend und dient als Filter für Signale anderer Indikatoren. Damit ist gewährleistet, dass ich nur in einem bestehenden Aufwärtstrend Kaufsignale aktiv umsetze.

Die beiden Durchschnittslinien blende ich nicht direkt im Wochenchart ein, sondern benutze dafür den bekannten MACD-Indikator (Moving-Average-Convergence-Divergence). In der Standardeinstellung MACD (12/26/9) wird eine Differenz zwischen dem EMA (12) und dem EMA (26) errechnet. Daraus ergibt sich eine Kurve, die um ihre Mittellinie schwankt.

Liegt der kürzere EMA über dem längeren EMA, so befindet sich die Kurve im positiven Bereich über der Mittellinie. Liegt der kurzfristige EMA unter dem längerfristigen EMA, dann liegt der MACD unter seiner Mittellinie im negativen Bereich. Schneiden sich die beiden Durchschnitte, schneidet auch der MACD seine Mittellinie.

Traditionell wird aus der MACD-Kurve noch ein EMA (9) errechnet und zusätzlich als Signallinie (Triggerlinie) angezeigt. Das Kreuzen des MACD mit seiner Signallinie erzeugt dann die Handelssignale.

Ich verwende in meiner Strategie den MACD etwas anders. Die Signallinie hat in meiner Interpretation keine Bedeutung. Für mich ist nur die Mittellinie wichtig. In den meisten Analysetools kann man die Signallinie ausblenden oder auf den Wert 1 einstellen, wodurch sie aus der Anzeige verschwindet bzw. deckungsgleich mit der MACD-Linie ist. Übrig bleibt eine Kurve, die um ihre Mittellinie pendelt.

Da die Durchschnittslinien nicht bei der Kurslinie im Chart eingeblendet sind, sondern darunter als MACD-Indikator, behalte ich weiterhin eine übersichtliche Grafik mit separater Trenderkennung.

Die folgende Grafik (Abb. 11) zeigt die Darstellung zweier EMA. Einmal im Chart als Durchschnittskurven und ein zweites Mal in den MACD-Indikator integriert. Der Kreuzungspunkt der beiden Durchschnittskurven entspricht im MACD dem Schnittpunkt der MACD-Kurve mit der Mittellinie. Die Aufwärts- und Abwärtsphasen sind im MACD deutlich sichtbar.

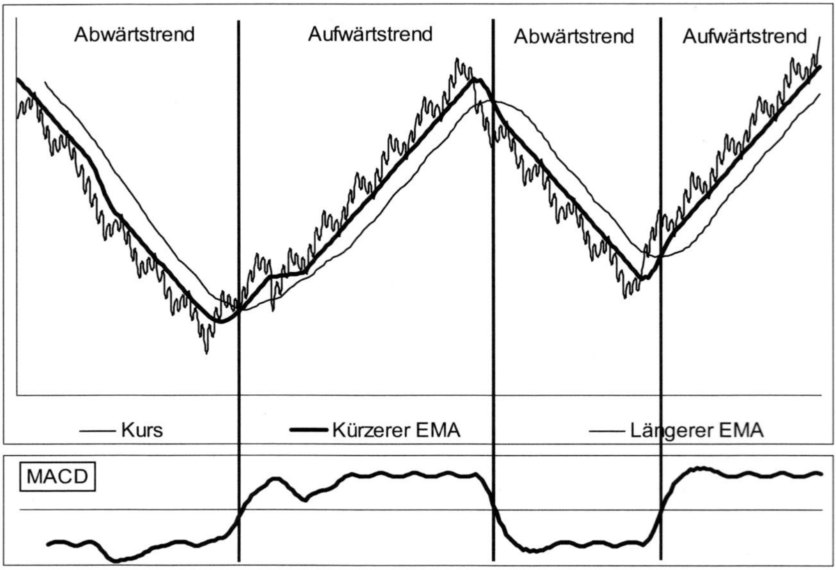

Abb. 11

Bei der Trendhoch-Strategie verwende ich zur längerfristigen Trenderkennung im Wochenchart den MACD (10/15/1).

Einstiegssignal

Wenn der MACD einen Aufwärtstrend anzeigt, benötige ich innerhalb dieses Trends ein Einstiegssignal zur Eröffnung einer Position. Hierfür verwende ich den Aroon up/down. Im Kapitel „Entwicklung einer Strategie" habe ich die Funktionsweise erklärt. In der Trendhoch-Strategie lasse ich mir die neuen Hochpunkte innerhalb eines bestehenden Aufwärtstrends anzeigen. Hierzu bestimme ich einen Zeitraum, den ich auf neue Höchstkurse prüfe. Wie schon beschrieben, ist ein Aufwärtstrend definiert als eine Folge von steigenden Höchstkursen und steigenden Tiefstkursen, die sich als Bewegung und Korrektur innerhalb eines Trends ausdrücken. Sobald ein neues Hoch entsteht, ist der Aufwärtstrend intakt und es kann von einer Fortsetzung des Trends ausgegangen werden. Dieser Kurs ist dann ein signifikanter Punkt zum Eröffnen oder Aufstocken einer Position.

Wenn der Aroon up im Wochenchart den Wert 100 anzeigt, bedeutet dies, dass in dieser Woche (unabhängig vom Wochenschlusskurs in einem Liniendiagramm) ein neuer Höchstkurs, innerhalb der definierten Zeitspanne, erreicht wurde. Wenn Sie den Charttyp von Liniendiagramm auf Candlestick umschalten, sehen Sie das neue Hoch als Dochtspitze der Wochenkerze. Beim Aroon geht kein einziger Kurs, der unter der Woche erreicht wurde, verloren.

Bei der Trendhoch-Strategie verwende ich als Einstiegssignal im Wochenchart den Aroon up/down (12). Damit zeigt der Aroon up ein neues Hoch innerhalb des aktuellen 12-Wochenzeitraums an.

Durch die Kombination von MACD (Trenderkennung) und Aroon up/down (Einstiegssignal bei neuem Hoch) habe ich die relevanten Indikatoren zur Eröffnung einer Position definiert. Auf die exakte Einstiegsregel komme ich später zurück.

Ausstiegssignal

Die beiden Angelpunkte einer Investition sind stets der Einstieg und der Ausstieg. Viele Investoren suchen krampfhaft nach dem perfekten Einstieg und halten dies für den wichtigsten Teil. Dabei ist dies eigentlich die leichtere Übung. Viele Privatanleger sind erstmal froh darüber, endlich investiert zu sein und haben keine konkrete Vorstellung, wie sie das nun bestehende Risiko begrenzen wollen. Wer eine „Kaufen-und-halten-Strategie" verfolgt, steigt oft zu spät aus, meist erst dann, wenn die Verluste anfangen weh zu tun. Es besteht eine mentale Hemmschwelle, bei einem Kursrückgang die Reißleine zu ziehen und rechtzeitig auszusteigen. Sie kennen sicher die Einstellung: „Langfristig steigt die Börse immer, das sitze ich aus ...". Gedanken wie „kurze Konsolidierung", etc. vernebeln die Risikoeinschätzung. Im schlimmsten Fall wird die bestehende Position im beginnenden Abwärtstrend nochmal aufgestockt, um den Einstiegskurs zu verbilligen und das Gewissen zu beruhigen.

Um das Risiko einer bestehenden Position zu begrenzen, schließe ich diese, sobald der mittelfristige Trend gebrochen wird. Sollte hinterher der Aufwärtstrend fortfahren und die Kurse weiter ansteigen, habe ich immer wieder die Möglichkeit, bei einem neuen Trendhoch (Aroon up zeigt den Wert 100 an) erneut einzusteigen.

Das Ausstiegssignal besteht aus der Kombination von zwei unterschiedlichen Signalen. Um Fehlsignale einzelner Indikatoren zu minimieren, müssen von zwei unterschiedlichen Berechnungsansätzen identische Handelssignale erzeugt werden.

Das erste Signal wird erzeugt durch zwei gleitende Durchschnitte. Zunächst glätte ich den Kursverlauf durch einen sehr kurzfristigen exponentiellen Durchschnitt (EMA) und setze zusätzlich noch einen längerfristigen einfachen gleitenden Durchschnitt (SMA) ein. Dieser zeigt mir den mittelfristigen Trend an und lässt dem Kurs einen angemessenen

Schwankungsspielraum. Liegt zum Wochenende der Wochenschlusskurs und der EMA unterhalb des SMA, ist dies das erste Signal zur Positionsschließung.

Als zweiten Indikator verwende ich die SlowStochastik. Die SlowStochastik wird aus der normalen Stochastik (auch FastStochastik genannt) berechnet. Bei der Stochastik werden für eine bestimmte Zeitperiode drei Kurse ermittelt:

- der aktuelle Kurs
- der Höchstkurs
- der Tiefstkurs

Die Differenz vom aktuellen Kurs zum Tiefstkurs wird ins Verhältnis gesetzt zu der Differenz aus Höchst- und Tiefstkurs.

Ist der aktuelle Kurs der Höchstkurs, zeigt die Stochastik den Wert 100 an. Ist der aktuelle Kurs der Tiefstkurs, zeigt die Stochastik den Wert 0 an. Die Stochastik liegt genau bei 50, wenn die Differenz vom Höchstkurs zum Tiefstkurs doppelt so groß ist, wie die Differenz des aktuellen Kurses zum Tiefstkurs.

Ein Wert von 50 bedeutet, dass der Anstieg vom Tiefstkurs zum Höchstkurs innerhalb der gewählten Zeitperiode zur Hälfte bereits wieder verloren ging. Der Anstieg vom Tiefstkurs zum aktuellen Kurs beträgt 50% des Anstiegs vom Tiefstkurs zum Höchstkurs. Im Grunde zeigt die Stochastik die relative Position des aktuellen Kurses innerhalb der Spanne von Höchst- und Tiefstkurs.

Hierzu ein Beispiel:

Zeitraum: 10 Wochen
Aktueller Kurs: 80 €
Höchstkurs innerhalb der letzten 10 Wochen: 100 €
Tiefstkurs innerhalb der letzten 10 Wochen: 50 €

Stochastik = ((80 - 50) / (100 - 50))*100 = 60

Der Wert von 60 zeigt die relative Position des aktuellen Kurses (80 €) innerhalb der Schwankungsspanne (50 € bis 100 €). Der Wert sagt ebenfalls aus, dass von den theoretischen 50 € Gesamtgewinn (Anstieg vom Tiefstkurs zum Höchstkurs) noch 60% erhalten sind. Der aktuelle Gewinn beträgt 30 € (Anstieg vom Tiefstkurs zum aktuellem Kurs). 30 € dividiert durch 50 € ergibt 60%.

Die Stochastik ist eine Kurve, die zwischen 0 und 100 um ihre Mittellinie pendelt. Aus dieser Kurve wird nun ein gleitender Durchschnitt errechnet. Diese Durchschnittslinie ist die eigentliche SlowStochastik. Die Glättung bei der SlowStochastik stelle ich auf 2 ein, wodurch aus der berechneten Stochastiklinie ein 2er SMA gebildet wird.

Verwendet man die SlowStochastik im traditionellen Sinne als Oszillator, um überkaufte und überverkaufte Situationen zu lokalisieren, wird nochmals eine Signallinie errechnet, ein weiterer gleitender Durchschnitt der SlowStochastik-Linie. Ich verzichte auf diese Linie, da ich die SlowStochastik in meiner Trendhoch-Strategie als reinen Trendfolgeindikator interpretiere und stelle den Wert der Signallinie auf 0 ein.

Liegt die SlowStochastik auf oder über der Mittellinie (ein Wert ab 50), signalisiert dies einen Aufwärtstrend. Liegt Sie darunter (< 50), signalisiert dies einen Abwärtstrend.

Bei der Trendhoch-Strategie verwende ich als Ausstiegssignal im Wochenchart einen EMA (3) kombiniert mit einem SMA (30) und die SlowStochastik (30/2).

Übersicht der Indikator-Kombination bei der Trendhoch-Strategie:

MACD (10/15/1)
Aroon up/down (12)
SlowStochastik (30/2)
EMA (3)
SMA (30)

Damit habe ich die Einstiegs- und Ausstiegssignale definiert. Doch zu einer kompletten Handelsidee gehören noch mehr Regeln, die in ihrer Gesamtheit erst die Strategie bilden.

Aufbau der Handelsstrategie

Die komplette Strategie besteht aus folgenden Komponenten:

- Produktauswahl (was kaufe ich?)
- Einstiegsregel (wann eröffne ich eine Position?)
- Ausstiegsregel (wann schließe ich eine Position?)
- Risikomanagement (wieviel Verlust akzeptiere ich?)
- Moneymanagement (wieviel Kapital setze ich pro Position ein?)
- Gestaltungsfreiheit und Disziplin

Die Produktauswahl

Die Trendhoch-Strategie eignet sich sehr gut für alle Arten von Aktienfonds und Aktienindizes. Sie ist aber auch auf den Bund-Future und Rohstoffindizes anwendbar. Einzelne Aktien sind meist zu schwankungsintensiv, um nach dieser Strategie gehandelt zu werden. Ich bevorzuge Produkte, die durch eine diversifizierte Zusammensetzung relativ schwankungsarm sind und kontinuierlich einen Trend vollziehen.

Um weitestgehend marktneutral investieren zu können, umfasst die Produktauswahl sowohl Long-, als auch Shortprodukte. Ziel ist es, Produkte auszuwählen, die zumindest in den letzten Jahren starke Trends mit geringer Schwankungsbreite ausbildeten.

Gerne verwende ich Aktienfonds ohne Ausgabeaufschlag, da ich diese kostengünstig über meine Direktbank bei der Fondsgesellschaft kaufen und verkaufen kann. Für ein überzeugendes Fondskonzept bin ich auch gerne bereit, einen Ausgabeaufschlag zu zahlen oder kaufe die Fonds direkt über die Börse. Weiterhin verwende ich ETF´s (Exchange-Traded-Funds), ETC´s (Exchange-Traded-Commodities) und Open-End-Zertifikate, die es teilweise als Long- und Shortvarianten gibt.

Die Produkte werden von mir nach einem erfolgreichen Vergangenheitstest ausgewählt. Funktionierte die Strategie rückwirkend, stehen die Chancen gut, auch in Zukunft ein positives Ergebnis zu erzielen.

Die Produktauswahl am Beispiel von Aktienfonds

In einer Fondsdatenbank selektiere ich Fonds einzelner Anlageschwerpunkte nach bestimmten Kriterien.

Mögliche Anlageschwerpunkte der Fonds

- International Value/Large Caps
- International Small/Mid Caps
- Europa Value/Large Caps
- Europa Small/Mid Caps
- Osteuropa
- Asien
- Emerging Markets
- Afrika

Auswahlkriterien für Fonds

Ich definiere bestimmte Kriterien nach denen ich geeignete Fonds je Anlageschwerpunkt auswähle. Treffen diese Merkmale auf zu viele Fonds zu, werden sie verschärft. Beispielsweise verlange ich dann 5 statt 4 S&P-Sterne oder zusätzlich ein (A) beim FERI-Rating. Hier ist individuelles Handeln gefragt.

Mögliche Auswahlkriterien für Fonds:

- Ausgabeaufschlag: 0%
- Fondsalter: mind. 3 Jahre
- Fondsvolumen: > 50 Mio. €
- S&P-Sterne: mind. 4 Sterne
- Fondswährung: Euro

Habe ich je Anlageschwerpunkt maximal 3 - 5 Fonds nach den Kriterien ausgewählt, prüfe ich diese Fonds anhand der Strategie, wie sie sich in der Vergangenheit entwickelt haben. Ich prüfe Ein- und Ausstiegssignale auf Profitabiliät (Steigerung zwischen Kauf und Verkauf) und auf Fehlsignale (wechseln sich Kauf- und Verkaufsignale innerhalb kurzer Zeit unnötig oft ab?). Der Fonds einer Anlageklasse, der hier nach meinem Ermessen am besten abschneidet, wird in meine Produktauswahl aufgenommen.

Die ausgewählten Produkte fasse ich in einem Musterdepot zusammen, welches ich dann wöchentlich auf Einstiegssignale prüfe. Sollte sich im Zeitverlauf ein Fonds in seiner Entwicklung deutlich verschlechtern, wird er ausgetauscht.

Als Shortprodukte für die Aktienmärkte können beispielhaft folgende Basiswerte herangezogen werden:

- Stoxx 600 Shortvariante
- DAX Shortvariante
- SDAX Shortvariante
- S&P 500 Shortvariante

Der Bund-Future

Der Bund-Future ist ein fiktives Wertpapier, das auf eine Nominalverzinsung von sechs Prozent und eine Laufzeit von zehn Jahren standardisiert ist. Damit bildet er genau den Kurswert ab, den man aktuell am Markt für eine Bundesanleihe mit 10-jähriger Laufzeit und einer Verzinsung von 6 Prozent bezahlen müsste. Der Kurs dieser fiktiven Anleihe bewegt sich in Abhängigkeit vom aktuellen Zinsniveau. Steigen die Zinsen, so fällt der Kurs dieses Papiers und umgekehrt. Mit dem Bund-Future haben Sie die Möglichkeit, steigende und fallende Zinstrends zu handeln, was zur Diversifikation Ihres Depots beiträgt.

Um die moderaten Bewegungen des Bund-Futures attraktiver zu gestalten, verwende ich in meiner Produktauswahl ein Hebelzertifikat mit einem Leverage von 2 bis 3. Bei steigenden Zinsen investiere ich in ein Shortzertifikat und bei fallenden Zinsen in ein Longzertifikat.

Rohstoffe

Im Bereich Rohstoffe arbeite ich gerne mit den RICI-Indizes. Da gibt es beispielsweise den RICI-International Commodity Index, den RICI-Metals Index und den RICI-Agriculture Index. Natürlich bieten sich auch einzelne Rohstoffe an wie beispielsweise Gold, Silber, etc. Diese Basiswerte gibt es als Zertifikate und ETFs / ETCs.

Die Produktauswahl kann durchaus ein- bis zweimal jährlich überprüft werden.

Die Einstiegsregel

Am Wochenende prüfe ich die Produktauswahl in meinem Musterdepot anhand der Strategie auf Kaufsignale. Die Trenderkennung erfolgt durch den MACD. Liegt der MACD über seiner Mittellinie, besteht ein Aufwärtstrend. Das Einstiegssignal innerhalb dieses Trends erzeugt der Aroon-Indikator. Der Aroon up muss einen neuen 100er Wert anzeigen. Dies signalisiert ein neues Wochenhoch innerhalb des bestehenden Trends. Bitte achten Sie darauf, dass die Indikatoren des Ausstiegssignals zu diesem Zeitpunkt keinen „Ausstieg" anzeigen. Der EMA sollte über dem SMA oder die SlowStochastik über 50 liegen.

Der Einstieg erfolgt dann, wenn der neue Höchstkurs nochmals übertroffen wird. In dieser Strategie ist die zweite Bestätigung eines neuen Trendhochs ein ganz wesentlicher Punkt! Zum Kauf lege ich bei börsengehandelten Produkten (ETF´s, Zertifikate, etc.) zum Höchstkurs dieser Wochenkerze plus ein paar Cent Aufschlag (das letzte Hoch soll übertroffen werden) eine StopBuy-Order zum Handelsbeginn der Folgewoche in den Markt.

So habe ich gewährleistet, dass ich mich in einen steigenden Markt einkaufe, der sich durch steigende Hochs definiert. Die Eröffnung der Position erfolgt damit automatisch bei erneuter Überschreitung des vom Aroon up angezeigten Höchstkurses der Vorwoche. Zwischen dem ersten Hoch und der zweiten Bestätigung darf der MACD zwischenzeitlich nicht ins Minus rutschen oder der Aroon down einen 100er Wert anzeigen. In diesen Fällen kann nicht von einer Bestätigung gesprochen werden.

Bei Aktienfonds, die ich nicht an der Börse, sondern über die Fondsgesellschaft kaufe, warte ich die Folgewoche(n) ab. Wenn das letzte Hoch erneut übertroffen wird (Aroon up nochmals bei 100), kaufe ich direkt über meine Bank bei der Fondsgesellschaft. Ich nehme hier einen kleinen zeitlichen Verzug in Kauf, da die Lieferung etwas Zeit in Anspruch nimmt. Aufgrund meines längerfristigen Anlagehorizonts spielt dies jedoch keine große Rolle.

Wenn ich eine bestehende Position aufstocken möchte, erfolgt dies ebenfalls nach der Einstiegsregel. Vor einer Kaufentscheidung, ist grundsätzlich das Gesamtrisiko zu prüfen. Liegt dieses über einem definierten Grenzwert, sind Kaufentscheidungen per Strategiedefinition blockiert. Diesen Prozess erkläre ich detailliert beim Risiko- und Moneymanagement.

Die Ausstiegsregel

Am Wochenende prüfe ich die bestehenden Positionen in meinem Depot anhand der Strategie auf Verkaufssignale. Sobald der Wochenschlusskurs und der EMA unter dem SMA liegen und die SlowStochastik unter 50 fällt, wird die komplette Position geschlossen. Hierzu platziere ich für die nächste Handelseröffnung eine Verkaufsorder „bestens" oder verkaufe über meine Bank an die Fondsgesellschaft. Nun prüfe ich, ob sich ein Abwärtstrend bildet und Shortprodukte Einstiegssignale zeigen. Ziel ist es, in jeder Marktphase Geld zu verdienen. Aufwärts- und Abwärtstrends werden gleichermaßen zur Kapitalvermehrung genutzt. Nicht investiertes Kapital wird sicher auf einem Tagesgeldkonto geparkt, wo es nebenher Zinsen erwirtschaftet.

Die folgende Grafik (Abb. 12) zeigt das komplette Ein- und Ausstiegsszenario:

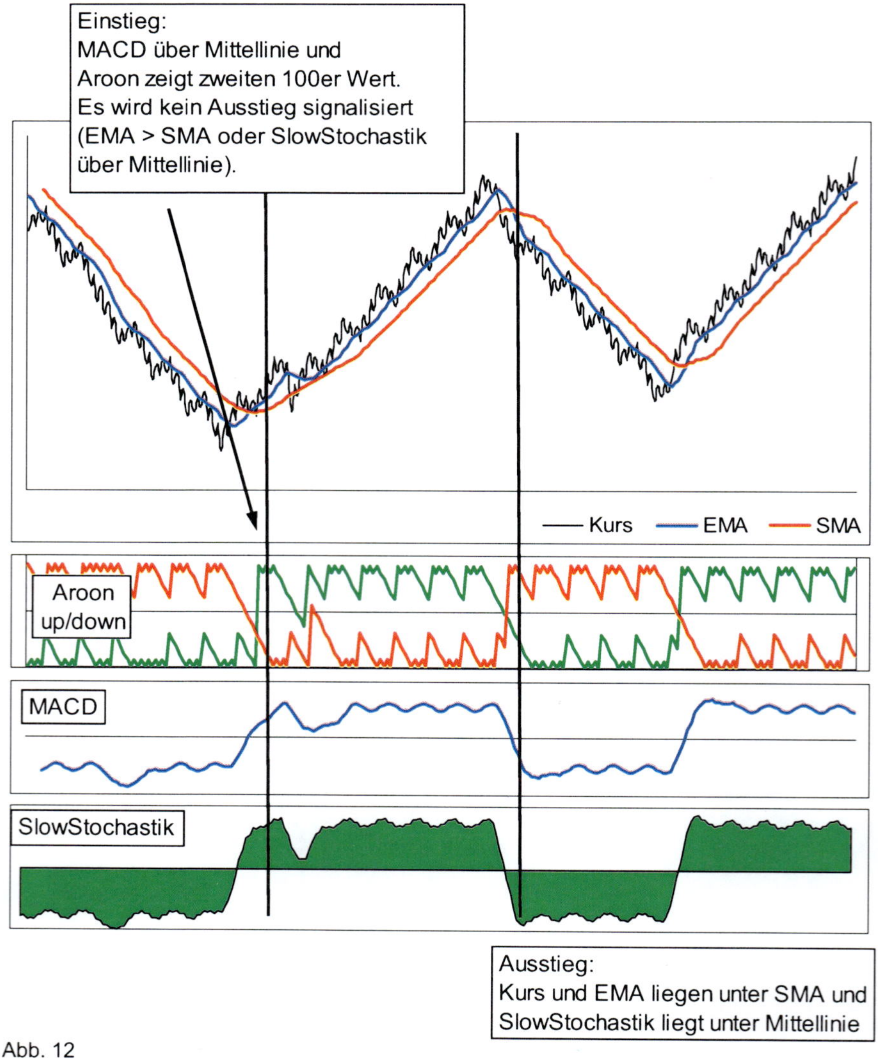

Abb. 12

Das Risikomanagement

Beim Aufbau des Depots könnte ich die Positionen alle gleich gewichten, beispielsweise fünf Positionen mit je 20% Depotanteil. Da ich nicht wissen kann, welches Produkt den höchsten Ertrag bringt, erscheint diese ausgewogene Gewichtung sinnvoll.

Ich bevorzuge es allerdings, die Depotstruktur vom Risiko her zu betrachten. Da ich nicht wissen kann, welche Position den größten Verlust bringt, lege ich bei allen Positionen dasselbe Positionsrisiko von maximal 1,5% des Gesamtkapitals fest.

Mit dieser Methode erreiche ich, dass in ein Produkt mit geringerem Risiko mehr Kapital investiert wird, als in ein Produkt mit höherem Risiko. Wenn beispielsweise eine Position die mit 5.000 € und eine andere die mit 2.800 € eröffnet wurde, kurz nach deren Kauf mit Verlust ausgestoppt werden, so verursacht jede einzelne Position nahezu dasselbe Minus und sie waren trotz unterschiedlicher Positionsgröße beim Anfangsrisiko gleichwertig.

Bei der Positionseröffnung dient als fiktiver Stoppkurs der aktuelle Wert des SMA aus dem Ausstiegszenario. Wenn der Markt kippt, wird theoretisch nahezu zu diesem Kurs verkauft. Somit ergibt die Differenz zwischen Kaufkurs und Wert des SMA das Positionsrisiko. Dieses Positionsrisiko entscheidet über die Höhe des Kapitaleinsatzes je Position. Dies wird beim Moneymanagement geregelt.

Die Kontrolle des Gesamtrisikos, bezogen auf Depotwert und freies Kapital, wird aufgrund der Verflechtung mit dem Moneymanagement ebenfalls dort erklärt.

Das Moneymanagement

Beim Moneymanagement wird der Kapitaleinsatz je Position in Abhängigkeit vom Positionsrisiko bestimmt.

Ein Beispiel:

Gesamtkapital: 15.000 €.
Einzelpositionsrisiko: 1,5% bzw. 225,00 €.
Gesamte Transaktionskosten für Kauf und Verkauf von börsengehandelten Produkten: 20,00 €.
Gesamte Transaktionskosten für Kauf und Verkauf von Fonds ohne Ausgabeaufschlag über die Fondsgesellschaft: 5,00 €.

Aktueller Kurs des 1. Produkts: 50,00 €
Fiktiver Stoppkurs: 45,00 € (aktueller Wert des SMA)
Positionsrisiko / Stück: 5,00 € (50 € minus 45 €, ein theoretischer Verlust von 10% pro Stück)
Einzelpositionsrisiko: 225,00 € abzüglich 20,00 € Transaktionskosten ergeben 205,00 €
205,00 € geteilt durch Positionsrisiko pro Stück von 5,00 € ergibt eine Stückzahl von 41.

Ich eröffne folgende Position:
41 Stück mal 50,00 € ergibt einen Kapitaleinsatz von 2.050,00 €
(ca. 14% des Gesamtkapitals).

Falls der Kurs in die Gegenrichtung läuft, wird theoretisch (!) zu 45,00 € verkauft.
41 Stück mal 45,00 € ergibt einen Wert von 1.845,00 €.
Der Verlust beträgt 205,00 € plus Transaktionskosten von 20,00 €, ergibt 225,00 €, was wiederum 1,5% des Gesamtkapitals entspricht. Der Kreis schließt sich.

Die nächste Position beinhaltet etwas weniger Risiko und sieht folgendermaßen aus:

Aktueller Kurs des 2. Produkts: 65,00 €
Fiktiver Stoppkurs: 60,45 € (aktueller Wert des SMA)
Positionsrisiko / Stück: 4,55 € (ein theoretischer Verlust von 7% pro Stück)
Einzelpositionsrisiko 225,00 € abzüglich 20,00 € Transaktionskosten ergeben 205,00 €
205,00 € geteilt durch Positionsrisiko pro Stück von 4,55 € ergibt eine Stückzahl von rund 45.

Ich eröffne folgende Position:
45 Stück mal 65,00 € ergibt einen Kapitaleinsatz von 2.925,00 €
(ca. 20% des Gesamtkapitals).

Von den 15.000 € wurden nun insgesamt 4.975 € in diese zwei Positionen investiert (ca. 33%).

Das Depotrisiko beträgt 9,0% (2 mal 225 € = 450 €, im Verhältnis zum Depotwert von 4.975 €).

Das Gesamtrisiko, bezogen auf Depotwert + freies Kapital, beträgt
3,0% (450 € im Verhältnis zum Gesamtkapital von 15.000 €)

Wie beim Risikomanagement schon angedeutet, spielt nicht nur das Einzelpositionsrisiko eine wichtige Rolle, sondern ebenfalls das Gesamtrisiko. Dieses wird wöchentlich errechnet, indem bei allen bestehenden Positionen zum Wochenende als fiktiver StopLoss-Kurs der Wert des jeweiligen aktuellen SMA angesetzt wird. Die Differenz zwischen der Einstiegssumme (Stück mal Einstiegskurs) und dem theoretischen Verkaufserlös (Stück mal aktueller SMA-Wert, abzüglich Transaktionskosten), ergibt das aktuelle Einzelpositionsrisiko.

Die Summe der Einzelpositionsrisiken ergibt das Depotrisiko. Der theoretische Verlust des Depots wird nun ins Verhältnis zum Gesamtkapital (Depotwert + noch freies Kapital) gesetzt und schon hat man das Gesamtrisiko berechnet.

Das gesamte Risiko- und Moneymanagement können Sie sich selbst in einem Tabellenkalkulationsprogramm als kleine Datei programmieren. Da werden die einzelnen Positionen mit Einstiegskursen, Kosten und theoretischen StopLoss-Kursen (aktuelle SMA-Werte) eingetragen. So berechne ich bei einer Positionseröffnung über das Gesamtkapital das Einzelpositionsrisiko und daraus anhand des SMA-Werts die Positionsgröße. Eine wöchentliche Aktualisierung der SMA-Werte führt direkt zum Gesamtrisiko. Dieses entscheidet über eine aktuelle Kauferlaubnis.

Neue Positionen werden nur dann eröffnet, wenn das Gesamtrisiko zum Zeitpunkt der Kaufsignalerzeugung bei maximal 3,5% liegt.

Ist das Gesamtrisiko höher, wird abgewartet bis die bestehenden Positionen im Depot durch Kursanstiege ihr Risiko verringert haben. Erst dann werden neue Positionen aufgebaut. Allein die Höhe des Gesamtrisikos zum Zeitpunkt der Neuinvestition entscheidet über die Positionseröffnung. Liegt beispielsweise das Gesamtrisiko bei 3,1% und es wird eine neue Position eröffnet, darf das Gesamtrisiko inklusive neuer Position über 3,5% liegen. Nur der aktuelle Ist-Wert allein entscheidet über die aktuelle Kauferlaubnis.

In meinem Beispiel liegt das Gesamtrisiko, nach dem Kauf von zwei Positionen, aktuell bei 3,0%. Daher kann ich noch eine weitere Position eröffnen. Diesmal kaufe ich einen Fonds ohne Ausgabeaufschlag über meine Direktbank bei der Fondsgesellschaft.

Dies sieht folgendermaßen aus:

Aktueller Kurs des 3. Produkts: 12,00 €
Fiktiver Stoppkurs: 11,04 € (aktueller Wert des SMA)
Positionsrisiko / Stück: 0,96 € (ein theoretischer Verlust von 8% pro Stück)
Einzelpositionsrisiko 225,00 € abzüglich 5,00 € Transaktionskosten bei einem Fondskauf über die Fondsgesellschaft ergeben 220,00 €.
220,00 € geteilt durch Positionsrisiko pro Stück von 0,96 € ergibt eine Stückzahl von rund 229.

Ich eröffne folgende Position:
229 Stück mal 12,00 € ergibt einen Kapitaleinsatz von 2.748,00 €
(ca. 18% des Gesamtkapitals).

Von den 15.000 € wurden nun in diese drei Positionen insgesamt
7.723 € investiert (ca. 52%).

Das Depotrisiko beträgt 8,7%.
(3 mal 225 € = 675 €, im Verhältnis zum Depotwert von 7.723 €).

Das aktuelle Gesamtrisiko, bezogen auf Depotwert + freies Kapital, beträgt 4,5%. (675 € im Verhältnis zum Gesamtkapital von 15.000 €).

Weitere Käufe sind jetzt erstmal blockiert, solange das Gesamtrisiko über 3,5% liegt. Das nicht investierte Kapital wird auf einem Tagesgeldkonto geparkt.

Die Kontrolle des Gesamtrisikos ist eine wichtige zusätzliche Sicherung, die verhindert, dass das gesamte Kapital innerhalb kürzester Zeit komplett in einen neuen Trend investiert wird, der sich in Folge dann doch nicht als stabil und dauerhaft herausstellt. Kapitalschutz hat höchste Priorität.

Die folgende Tabelle zeigt beispielhaft das Depot inklusive der Risikokontrolle:

Gesamtkapital:	**15.000**
Einzelpositionsrisiko:	**1,5%**
	225

Investitionen	**Stück**	**Kauf-Kurs**	**Einstiegs-summe**	**SMA Wert**	**Kosten**	**fiktiver Verkaufserlös**	**Risiko**
Produkt 1	41	50,00	2.050,00	45,00	20,00	1.825,00	225,00
Produkt 2	45	65,00	2.925,00	60,45	20,00	2.700,25	224,75
Produkt 3	229	12,00	2.748,00	11,04	5,00	2.523,16	224,84
Depotwert			**7.723,00**			**7.048,41**	**674,59**
Depotrisiko							**8,7%**

Gesamtrisiko	**4,5%**

Läuft ein Trend positiv weiter, verringert sich das Gesamtrisiko mit jeder Woche und neue Positionen können aufgebaut werden. Mit jedem Wochenschlusskurs, an dem eine Position bestehen bleibt, wird der aktuelle Wert des SMA leicht ansteigen, wodurch kontinuierlich das Risiko sinkt und der theoretische Stoppkurs angehoben wird.

Über eine individuelle Festlegung des Einzelpositionsrisikos, des Gesamtrisikos und einer Verschärfung der Ausstiegsregel ist es jedem selbst möglich, die Investitionen seiner persönlichen Risikoneigung anzupassen. Doch bei aller Risikominimierung dürfen Sie eins nicht vergessen: Die Rendite ist stets der Preis für das eingegangene Risiko. No risk, no profit, no fun!

Wenn Sie Ihren Kontostand schneller anwachsen lassen wollen, als nur über die Erträge der Handelsstrategie, dann sollten Sie als risikobewusster Anleger zusätzlich monatlich Ihr Börsenkapital aufstocken. Damit können Sie kleinere Verluste direkt ausgleichen und Ihr Kapitalstock wird kontinuierlich ansteigen.

Nehmen wir an, dass Sie mit einem Depot von 10.000 € starten und monatlich 250 € auf Ihr Gesamtkapital einzahlen. Die durchschnittliche Rendite einer langfristigen Trendfolgestrategie kalkulieren wir mit 12% pro Jahr.

Ihr Kapital beträgt:

nach 10 Jahren rund 87.000 €
nach 15 Jahren rund 173.000 €
nach 20 Jahren rund 326.000 €

Gestaltungsfreiheit und Disziplin

Bei der Definition der Handelsregeln besteht absolute Gestaltungsfreiheit. Sie können sämtliche Indikatoren in allen möglichen Einstellungen mit Fibonacci-Zahlen, Elliott-Wellen und Mondphasen kombinieren, stets mit dem Ziel, möglichst optimale Ein- und Ausstiegssignale zu erzeugen und Fehlsignale zu minimieren. Ihrem Ideenreichtum sind hier keine Grenzen gesetzt. Nur durch das eigene experimentelle Testen werden Sie die Zusammenhänge einzelner Indikatoren und gegenseitigen Filtermöglichkeiten kennen lernen.

Aufgrund der Gestaltungsfreiheit dürfen Sie auch Indikatoren nicht im traditionellen Sinne benutzen, sondern beispielsweise auch einen Oszillator, der eigentlich überkaufte und überverkaufte Phasen anzeigt, als Trendfolgeindikator verwenden. In diesem Sinne habe ich die SlowStochastik in die Trendhoch-Strategie integriert. Allein das Ergebnis zählt.

Es kommt irgendwann der Punkt, an dem ein System funktioniert und der Vergangenheitstest gute Ergebnisse liefert. Ein entstandener Trend wird durch eine Trenderkennung angezeigt und der Einstieg innerhalb des Trends erfolgt zeitnah mit wenigen Fehlsignalen. Der Ausstieg ist so gewählt, dass dem Kurs die nötige Schwankungsbreite eingeräumt wird, ohne dass zu häufig ein früher Ausstieg mit anschließendem Wiedereinstieg signalisiert wird. Dennoch erfolgt der Ausstieg zeitnah mit begrenztem Risiko. Money- und Risikomanagement sowie die Produktauswahl sind nach eigener Risikoneigung festgelegt, kurzum: die Strategie steht.

Und trotzdem stört noch eine Sache: Das eigene Ego, das ständig danach strebt auch weiterhin das perfekte System, den heiligen Gral zu finden. Wie oft hörte ich die innere Stimme: „Es muss doch noch eine Indikator-Einstellung und/oder Kombination geben, die noch besser funktioniert, noch schnellere Signale erzeugt und noch weniger Fehlsignale produziert ...“. Völliger Irrsinn!

Gerade anfangs besteht der innere Drang, das System ständig weiter optimieren zu müssen. Wenn bei diesen Optimierungsversuchen stets nahezu dieselben Signale wie beim Ursprungssystem erzeugt werden, vielleicht mal der Einstieg eine Periode früher, dafür aber an anderer Stelle ein Fehlsignal mehr oder hier ein Fehlsignal weniger, dafür dort ein tieferer Ausstieg, dann zeigt dies, dass das System nicht weiter zu optimieren ist. Das perfekte Supersystem mit schnellem Einstieg, perfektem Ausstieg, ohne Fehlsignale und universeller Anwendbarkeit auf allen Märkten gibt es nicht! Um ein Fehlsignal zu vermeiden, müssen Sie dem Kurs mehr Schwankungsbreite einräumen, was nahezu immer zu einem späteren Ausstieg führen wird.

An dieser Stelle ist nun Schluss mit der Gestaltungsfreiheit und Sie müssen Ihre definierte Strategie für sich selbst als abgeschlossen erklären. Das Konstruieren und Experimentieren hat genau jetzt (!) ein Ende, ansonsten nie.

Wenn Sie diesen Prozess nicht mental für sich abschließen, werden Sie immer wieder versucht sein, eine weitere „Optimierung" zu testen. Lehnen Sie sich an diesem Punkt einmal bewusst zurück und erkennen Sie Ihre eigene definierte Börsenstrategie als vollendet an. Vertrauen Sie auf Ihre Strategie. Nur wenn Sie sich mit Ihren Handelsregeln wohl fühlen und auf die Funktionalität vertrauen, können Sie nun mit echtem Geld aktiv werden.

Aus dem Spiel wird jetzt Ernst, nun kommt die Praxis. Die Handelsidee muss sich nun real in den Märkten als mittel- bis langfristig profitabel erweisen. Jeder positive Test in der Vergangenheit hat keinerlei Auswirkung auf die Gegenwart. Die Märkte haben stets ihr Eigenleben, das nicht vorhersehbar ist. Dennoch werden die Märkte von Marktteilnehmern und deren Emotionen bewegt. Diese sind stets ähnlich, in der Vergangenheit, in der Gegenwart und in der Zukunft.

Abschließend ist noch eins zu sagen: Ein definiertes System darf im Laufe der Zeit auch in der Einstellung angepasst werden - langfristig betrachtet, nicht jeden Monat! Die Märkte, die globale Situation und das Verhalten der Marktteilnehmer können sich über Jahre hinweg verändern. Wenn beispielsweise der Ausstieg immer öfter zu spät erfolgt, kann hier in der Feineinstellung nachjustiert werden.

Zurück zur Praxis. Nach der absoluten Gestaltungsfreiheit bei der Strategieentwicklung kommt nun die „sklavische" Umsetzung der Signale. Hierbei ist Disziplin ganz wichtig. Daran scheitern oft die besten Strategien, weil sie vom Investor nicht korrekt umgesetzt werden. Da kommen immer wieder Emotionen mit ins Spiel: „Ich muss jetzt rein in den Markt, sonst fliegt er mir davon. Pfeif auf die Signale, ist doch klar erkennbar, dass der Trend schon läuft ..."! Aber gerade dafür steht die Strategie: Für emotionsloses Handeln, ohne Angst, ohne Gier und ohne Bauchgefühl.

Disziplin ist ein ganz schwieriges Thema. Wenn beispielsweise drei Fehlsignale erzeugt wurden und damit drei Trades an die Wand gefahren sind und letztendlich dreimal Verlust gemacht wurde, dann spielt der Verstand verrückt. „Ich kann jetzt nicht mehr einsteigen, das System funktioniert nicht...". Es stellt sich eine Handlungsunfähigkeit ein und das Vertrauen in das Handelssystem schwindet.

Dann genau kommt das nächste Einstiegssignal. Diesmal kein Fehlsignal und es wird nicht gehandelt, weil der Verstand blockiert ist. Dann schaut man den Kursen hinterher, wie sie mehrere Wochen ansteigen und man nicht investiert ist. Bis sich der Investor dann doch entschließt noch auf den fahrenden Zug aufzuspringen, der mittlerweile schon mehrere Monate mustergültig läuft, ist es dann möglicherweise schon zu spät, um noch gutes Geld zu verdienen.

Das System soll die Emotionen aus dem Handel nehmen. Daher ist es absolute Pflicht, immer weiter zu handeln und sich keine Auszeit am

Markt zu gönnen. Die Beständigkeit zahlt sich aus. Durch eine vernünftige Diversifikation über verschiedene Anlageschwerpunkte und durch konsequentes Risiko- und Moneymanagement sollte das Depot keine überdurchschnittlichen Rückschläge erleiden. Nur durch diszipliniertes und konstantes Handeln erwischt man die großen gewinnträchtigen Trends, welche die kleineren zwischenzeitlichen Verluste mehr als ausgleichen.

Langfristige Trendfolgesysteme sind eine gewinnbringende Geschichte und machen Spaß. Ohne hektisches Handeln, ohne täglichen Börsenstress wird das Ziel erreicht. Es hat seinen Reiz, mit den Märkten zu schwimmen, Kapital aus ihnen zu ziehen und dies in „guten wie in schlechten Zeiten“ (in Aufwärts- und Abwärtsphasen).

Es ist sehr wichtig, möglichst frühzeitig in einen neuen Trend einzusteigen. Schauen wir uns das folgende vereinfachte Beispiel an: Der erste Einstieg in einen neuen Aufwärtstrend wird bei einem Kurs von 100 € signalisiert. Der Investor vertraut seinem System nicht, er zögert und der Trend läuft in den folgenden Wochen unter kleinen Schwankungen zügig Richtung 120 €. An diesem Punkt ist die Gier groß genug und der Anleger steigt dann doch in den Trend ein. Die Aufwärtsbewegung läuft positiv weiter bis zu 160 € in der Spitze, fängt dann an zu kippen und das Handelssystem erzeugt bei 140 € das Ausstiegssignal.

Insgesamt waren mit dieser Aktion 40% bzw. 40 € pro Stück zu verdienen. Der Anleger war ab der Hälfte der Strecke investiert, hat dadurch die ersten 20 € Ertrag verpasst und die letzten 20 € als Gewinn mitgenommen. Dennoch hat er von den möglichen 40% keine 20% Gewinn realisiert.

100 € ... (+20,0%) ... 120 € ... (+16,7%) ... 140 €

Vom Einstiegskurs (100 €) bis zu der Trendmitte (120 €) legte der Wert 20% zu. Von der Mitte der Aufwärtsbewegung (120 €) bis zum Ausstieg

(140 €) legte der Wert nur noch 16,7% zu. Nur von diesem restlichen Wachstum konnte der Anleger noch profitieren. Dieses Beispiel zeigt deutlich, dass ein zeitnaher Einstieg in einen neuen Trend für das Ergebnis von großer Bedeutung ist. Je später Sie in einen Trend einsteigen, desto weniger Anteil vom gesamten Zuwachs können Sie für sich als Gewinn verbuchen.

Hier die Situation noch einmal in Zahlen:

Investitionssumme für diesen Wert: 3.000 €
Transaktionskosten für Kauf oder Verkauf jeweils 10 €

Anleger A

Kauf bei 100 € von 30 Stück = Einsatz von 3.000 €
Verkauf bei 140 € = Erlös von 4.200 €, abzüglich 20 € Transaktionskosten = 4.180 €
Gewinn = 1.180 € bzw. 39,3%

Anleger B

Kauf bei 120 € von 25 Stück = Einsatz von 3.000 €
Verkauf bei 140 € = Erlös von 3.500 €, abzüglich 20 € Transaktionskosten = 3.480 €
Gewinn = 480 € bzw. 16,0%

Wie ist das Ergebnis, wenn der Anleger eher vorsichtig in 2 Tranchen (zu 60% und 40%) einsteigt?

Anleger C

1. Kauf bei 100 € von 18 Stück = Einsatz von 1.800 €
2. Kauf bei 120 € von 10 Stück = Einsatz von 1.200 €

Insgesamt 28 Stück zu 3.000 €

Verkauf bei 140 € = Erlös von 3.920 €, abzüglich 30 € Transaktionskosten (2x Kauf + 1x Verkauf) = 3.890 €
Gewinn = 890 € bzw. 29,7%

Je größer die Disziplin, desto höher der Gewinn.

Trotz aller Disziplin haben viele Börsianer ein mentales Problem: Sie freuen sich, wenn die Kurse steigen und gleichzeitig wächst in ihnen die Angst vor der nächsten Korrektur. Sie können nur schwer akzeptieren, dass ein Trend aus Bewegung und Korrektur besteht. Wer mit dieser mentalen Situation zu kämpfen hat, der sollte über die „Gewinnsicherungs-Methode“ nachdenken. Hierbei wird eine Position zur Hälfte verkauft, sobald sie mindestens 20% im Plus liegt. Steigt der Kurs weiter an, verdient man mit der zweiten Hälfte weiter am Trend. Fällt der Kurs und die zweite Hälfte wird zu einem tieferen Kurs verkauft, hat man durch den ersten Verkauf einen Teil der Gewinne gesichert.

Hierzu ein Beispiel: Es werden 4.000 € in eine Position investiert. Zunächst steigt der Kurs um 20% an. Bei der einen Variante steigt er anschließend um weitere 20%, bei der anderen fällt er um 10%. Die folgenden Tabellen zeigen die unterschiedlichen Erträge zwischen der normalen Strategie (Komplettausstieg bei Verkaufssignal) und der „Gewinnsicherungs-Methode“.

Normale Strategie

Einsatz	Veränderung	Zwischensumme	Veränderung	Endwert	Ertrag
4.000	+ 20%	4.800	+ 20%	5.760	44%
4.000	+ 20%	4.800	- 10%	4.320	8%

Gewinnsicherungs-Methode

Einsatz	Veränderung	Zwischen-summe	Aufteilung	Veränderung	Endwert	Summe	Ertrag
4.000	+ 20%	4.800	2.400	+ 20%	2.880	5.280	32%
			2.400	--	2.400		
4.000	+ 20%	4.800	2.400	- 10%	2.160	4.560	14%
			2.400	--	2.400		

Ich benutze die „Gewinnsicherungs-Methode“, wenn ein Wert in sehr kurzer Zeit, beispielsweise innerhalb der ersten sechs Wochen, über 20% Zuwachs verzeichnet. Entwickelt sich ein Wert kontinuierlich positiv und zeigt beispielsweise erst nach sechs Monaten einen Zuwachs von 20%, bleibe ich der „normalen Strategie“ treu.

Rechtzeitige Gewinnmitnahmen haben noch niemandem geschadet. Man darf sich hinterher nur nicht über entgangene Gewinne in einem längerfristigen Trend ärgern.

Der Seitwärtstrend - Feind des Trendfolgers

Ausgeprägte Aufwärts- und Abwärtstrends sind ideale Phasen, in denen relativ leicht Geld verdient werden kann. In Seitwärtsmärkten kann es dann öfters zu Fehlsignalen kommen. Seitwärtsmärkte erkennt man gut beim Aroon-Indikator, wenn die Aroon up/down Linien längere Zeit beide unter dem Wert 65 pendeln. Dies signalisiert nur eine geringe Trendstärke. Der Markt verläuft seitlich, ohne neue Hochs oder neue Tiefs zu erzeugen. Daher sinken auch beide Aroon Kurven. Es vergeht immer mehr Zeit seit den letzten Hoch- und Tiefpunkten.

Wie jede Handelsstrategie kann auch die Trendhoch-Strategie, trotz der Kombination unterschiedlicher Indikatoren, Fehlsignale produzieren. Der Positionsaufbau wird durch die StopBuy-Technik nach einem neuen 12-Wochenhoch, welches nochmals bestätigt werden muss, Fehlsignale weitestgehend minimieren, da ein Seitwärtstrend selten in aufeinander folgenden Wochen neue Hochs produziert.

Zusätzlich wird die Kontrolle des Gesamtrisikos größere Verluste durch Fehlinvestitionen vermeiden. In einer Seitwärtsphase, die sich über mehrere Anlageschwerpunkte hinzieht, verzeichnen die bestehenden Positionen im Depot kaum Zuwächse. Der Depotwert tritt auf der Stelle. Dies hat direkte Auswirkungen auf das Gesamtrisiko, da sich dieses in einer solchen Phase kaum verringert. Dadurch werden per Systemdefinition neue Käufe automatisch blockiert, sofern das Gesamtrisiko über dem definierten Schwellenwert liegt. Hier wirken alle Strategiekomponenten zusammen und das System funktioniert dauerhaft in seiner Gesamtheit.

Der Vergangenheitstest

Funktioniert das alles überhaupt? Welche Ergebnisse brachte die Trendhoch-Strategie in der Vergangenheit? Nur ein Praxistest zeigt, welche Ergebnisse tatsächlich zu erzielen waren.

Betrachtungszeitraum:
Rund 10 Jahre rückwirkend, letzter Betrachtungsstichtag ist der 31.12.2011.

Trends:
Im Betrachtungszeitraum werden alle signalisierten Käufe/Verkäufe innerhalb der Aufwärtstrends analysiert. Da in einem realen Depot Auf- und Abwärtsphasen gleichermaßen zur Renditeerzielung genutzt werden, dürfte eine reale Depotentwicklung in dem dargestellten Zeitraum positiver ausfallen.

Kauf-/Verkaufsimulation:
Die Signalerzeugung erfolgt nach Handelsschluss zum Wochenende. Sobald der Aufwärtstrend vom MACD erkannt wurde und der Aroon up zum ersten Mal den Wert 100 zeigt, wird als Kaufkurs der Wochenhöchstwert angesetzt. Gekauft wird zu dem Zeitpunkt, sobald in den Folgewochen ein zweiter 100er Wert vom Aroon angezeigt wurde. Anmerkung zu den Tabellen: Da hier nicht zum Eröffnungskurs der Folgewoche, sondern zum Höchstkurs der signalgebenden Woche gekauft wird, sind die Einstiegskurse nicht mit denen der anderen Strategien identisch.

Als Verkaufskurs wird der Eröffnungskurs des ersten Handelstages in der Folgewoche angesetzt.

Basiswerte:
Die Strategieperformance zeige ich beispielhaft an den bekannten Indizes DAX und SDAX.

Performanceanalyse:

Dargestellt wird die prozentuale Veränderung zwischen Kauf und Verkauf, ohne Berücksichtigung von Kosten oder individuellen steuerlichen Gegebenheiten. Es zählt allein die Performance der erzeugten Signale. Als Beispielrechnung habe ich fiktiv angenommen, dass beim ersten Einstieg 5.000 € in das jeweilige Produkt investiert wurden. Sie sehen, wie sich dieser Betrag über die gesamte Zeitspanne entwickelt hätte.

Hinweis für alle Kapitalkurven-Charts:

Die beigefügten Grafiken zeigen die Kapitalkurven des Index im Vergleich zur Strategie. Die Kurven sind indiziert dargestellt, damit der prozentuale Unterschied deutlich wird. Beide Kurven beginnen bei einem Wert von 100. Wenn eine Kurve am Ende bei 250 ausläuft, bedeutet dies einen Zuwachs von 150%. Die Kurven starten beide zu dem Zeitpunkt, an dem die zugrunde liegende Strategie das erste Einstiegssignal anzeigt. Der letzte Betrachtungszeitpunkt ist der 31.12.2011.

Hier die Ergebnisse der Trendhoch-Strategie:

Trendhoch-Strategie - DAX					
Datum Einstiegs-signal	Kurs Einstieg	Datum Ausstiegs-signal	Kurs Ausstieg	Veränderung in Prozent	Was wurde aus 5.000 € ?
08.03.02	5.376	03.05.02	4.884	-9,2%	4.542
09.05.03	3.068	16.07.04	3.845	25,3%	5.693
08.10.04	4.078	09.06.06	5.458	33,8%	7.619
01.09.06	5.907	23.11.07	7.642	29,4%	9.857
30.04.09	4.837	05.08.11	6.170	27,6%	12.574
					151,5%

Die folgende Grafik (Abb. 13) zeigt die beiden indizierten Kapitalkurven des Index und der Handelsstrategie im Zeitverlauf.

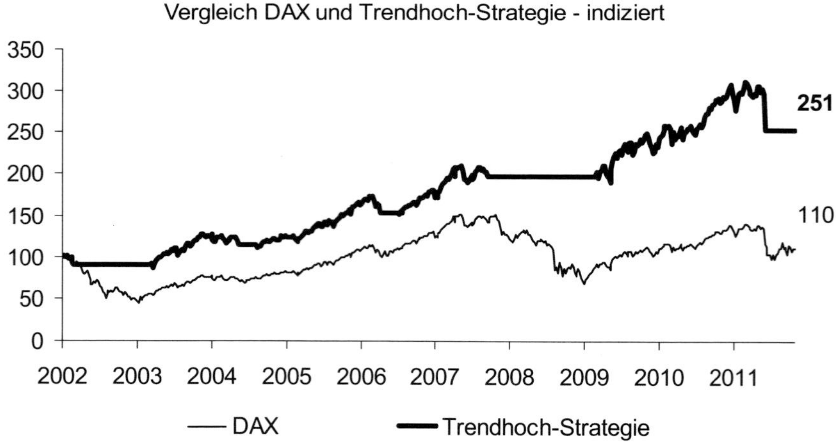

Abb. 13

In dem dargestellten Zeitraum (08.03.2002 – 31.12.2011) verzeichnet der Index einen Zuwachs von 10%, während die Strategie um 151% ansteigt.

Trendhoch-Strategie - SDAX					
Datum Einstiegs-signal	Kurs Einstieg	Datum Ausstiegs-signal	Kurs Ausstieg	Veränderung in Prozent	Was wurde aus 5.000 € ?
08.03.02	2.444	28.06.02	2.365	-3,2%	4.838
17.04.03	1.863	06.08.04	2.785	49,5%	7.233
08.10.04	2.894	16.06.06	4.579	58,2%	11.444
06.10.06	5.015	03.08.07	6.038	20,4%	13.779
08.05.09	2.873	05.08.11	4.509	56,9%	21.625
					332,5%

Die folgende Grafik (Abb. 14) zeigt die beiden Kapitalkurven des Index und der Handelsstrategie im Zeitverlauf:

Abb. 14

In dem dargestellten Zeitraum (08.03.2002 – 31.12.2011) verzeichnet der Index einen Zuwachs von 81%, während die Strategie um 332% ansteigt.

Die Multi-Indikator-Strategie

Rahmenbedingungen:

- Mittel- bis langfristiger Anlagehorizont
- Kombination aus vier technischen Indikatoren
- Einstieg / Ausstieg bei mehrheitlich identischem Signal

Bei der Trendhoch-Strategie ging ich so vor, dass ich zuerst durch eine Trenderkennung einen aktuellen Aufwärtstrend lokalisiert habe. Dann stieg ich über die Regel „Kaufe-neue-Hochs" ein und verließ beim Bruch des mittelfristigen Trends wieder den Markt.

Bei der Multi-Indikator-Strategie gibt es keine separate Trenderkennung und ich kaufe nicht explizit bei neuen Höchstkursen. Es werden vier verschiedene Indikatoren kombiniert, drei längerfristige und ein kurzfristiger. Wenn nun drei der vier Indikatoren zusammen einen Aufwärtstrend anzeigen, wird eine Position eröffnet. Es handelt sich um eine Mehrheitsentscheidung der erzeugten Signale.

Wie gehe ich bei der Strategieentwicklung vor? Ich experimentiere mit einzelnen Indikatoren im Wochenchart an einem Index oder einem Fonds. Jeder einzelne Indikator wird so eingestellt, dass brauchbare Ein- und Ausstiegssignale für die erkennbaren Trends erzeugt werden.

Erster Indikator

Ich betrachte den Wochenchart und erkenne signifikante Ein- und Ausstiegspunkte im Kurvenverlauf. Nun blende ich einen einfachen gleitenden Durchschnitt ein und variiere die Länge so, dass die Kurslinie an diesen signifikanten Punkten den SMA schneidet. Dies trifft recht gut bei einem SMA (25) zu. Dabei kommt es dennoch zu einigen Fehlsignalen, bei denen der Kurs kurzfristig die Durchschnittslinie durchbricht, um anschließend wieder darüber anzusteigen. Diese Fehlsignale kann ich teilweise reduzieren, indem ich statt eines einfachen gleitenden Durchschnitts Envelopes verwende.

Envelopes sind Umhüllungen um eine einfache Durchschnittslinie. Der SMA (25) wird um einen bestimmten Prozentsatz nach oben und nach unten verschoben. Dadurch entsteht aus einer Durchschnittslinie ein Band. Kreuzt der Kurs die obere Linie der Envelopes nach oben, signalisiert dies eine Einstiegsmöglichkeit. Durchbricht der Kurs die untere Linie nach unten, signalisiert dies einen Verkauf.

Da innerhalb des Bandes eine neutrale Zone ohne Signalwirkung entsteht, werden durch die Envelopes Fehlsignale herausgefiltert. Ich verwende statt des SMA (25) nun Envelopes (25/2,0%). Die SMA-Linie wird um 2,0% jeweils nach oben und nach unten verschoben. Damit ist der erste Indikator definiert. Er allein stellt für sich schon eine einfache Handelsstrategie dar (Wochenschlusskurs über Envelopes = kaufen, Wochenschlusskurs unter Envelopes = verkaufen).

Zweiter Indikator

Als nächsten Indikator teste ich die SlowStochastik, die ich bereits bei der Trendhoch-Strategie beschrieben habe. Auch hier verwende ich die trendfolgende Interpretation ohne Signallinie. Kaufsignal: Die SlowStochastik kreuzt ihre Mittellinie von unten nach oben, steigt also über 50. Verkaufsignal: Die SlowStochastik kreuzt die Mittellinie von oben nach unten und fällt unter 50. Der Zeitraum wird so justiert, dass die SlowStochastik an den signifikanten Ein- und Ausstiegspunkten ihre Mittellinie schneidet. Ein Zeitraum von 30 Wochen erfüllt diese Bedingung. Die SlowStochastik (30/2) ohne Signallinie ist damit der zweite Indikator und stellt ebenfalls für sich allein schon eine einfache Handelsstrategie dar (ein Wert ab 50 = kaufen, ein Wert unter 50 = verkaufen).

Dritter Indikator

Als weiteren Indikator verwende ich die Kombination aus zwei unterschiedlich langen gleitenden Durchschnitten. Liegt der kürzere über dem längeren, signalisiert dies einen Aufwärtstrend. Liegt er darunter, signalisiert dies einen Abwärtstrend. Die Kombination eines EMA (5) mit einem EMA (25) erfüllt die Anforderung, die signifikanten Kauf- und Verkaufbereiche im Chart durch ihre Schnittpunkte zu lokalisieren. Diese beiden Durchschnitte kombiniere ich in gewohnter Form im MACD ohne Signallinie. Damit habe ich als dritten Indikator den MACD (5/25/1) definiert.

Vierter Indikator

Als letzten Indikator verwende ich den Aroon up/down (8), der neue Hochs und Tiefs innerhalb eines 8-Wochenzeitraums anzeigt. Nach einem Wert 100 beim Aroon up zeigt der Indikator so lange eine Aufwärtsphase an, bis diese durch den Wert 100 des Aroon down abgelöst wird. Ab diesem Zeitpunkt signalisiert der Indikator eine Abwärtsphase. Bei dieser Interpretation ist es nicht entscheidend, welche der beiden Linien über der anderen liegt, sondern nur, welche Linie den letzten aktuellsten 100er Wert anzeigte.

Da die längerfristigen Indikatoren immer etwas zeitverzögert auf Kursänderungen reagieren, baue ich diesen kurzfristigen Indikator in die Strategie mit ein. Falls der Markt eine schnelle Kehrtwende vollzieht und bereits wieder in die andere Richtung läuft, während einige längerfristige Indikatoren gerade umschalten und das Gegensignal anzeigen, kann der kürzere Indikator eine Handelsentscheidung verhindern.

Die Envelopes, die SlowStochastik, der MACD und der Aroon up/down sind weitestgehend aufeinander abgestimmt, indem sie alle bei denselben signifikanten Chartbereichen identische Signale liefern. Natürlich ist mal der eine Indikator in der Signalgebung schneller und dann wieder ein anderer. Ebenso hat jeder Indikator seine eigenen individuellen Fehlsignale. Indem ich jetzt alle Indikatoren miteinander kombiniere und die Bedingung aufstelle, dass mehrere Indikatoren zusammen ein identisches Signal erzeugen müssen, werden Fehlsignale einzelner Indikatoren herausgefiltert.

Zusammenfassung der Multi-Indikator-Strategie:

Aroon (8)
MACD (5/25/1)
SlowStochastik (30/2)
Envelopes (25/2,0%)

Die Einstiegsregel

Sobald zum Wochenende im Wochenchart drei der vier Indikatoren zusammen einen Aufwärtstrend anzeigen, wird zum Handelsbeginn in der Folgewoche eine Position eröffnet. Der Indikator, welcher als drittes in dieselbe Richtung wie bereits zwei andere zeigt, gibt das entscheidende Handelssignal.

Beispiel:
Der Aroon up zeigte vor zwei Wochen den aktuellsten 100er-Wert an
+ die SlowStochastik liegt seit einer Woche über 50
+ der aktuelle Wochenschlusskurs liegt erstmals über der oberen Envelope-Linie
Aktion: Kauf zur Handelseröffnung in der neuen Woche.

Wenn ich eine bestehende Position aufstocken möchte, erfolgt dies ebenfalls nach der Einstiegsregel. Vor einer Kaufentscheidung, ist grundsätzlich das Gesamtrisiko zu prüfen. Liegt dieses über einem definierten Grenzwert, sind Kaufentscheidungen per Strategiedefinition blockiert.

Die Ausstiegsregel

Sobald zum Wochenende drei der vier Indikatoren zusammen im Wochenchart ein Signal in die Gegenrichtung anzeigen, wird die Position zum nächsten Handelsbeginn in der Folgewoche geschlossen.

Beispiel:
Der Aroon down zeigte vor zwei Wochen den aktuellsten 100er-Wert an
+ die SlowStochastik liegt seit einer Woche unter 50
+ der MACD liegt zum Wochenschlusskurs erstmals im negativen Bereich (unter der Mittellinie)
Aktion: Verkauf zur Handelseröffnung in der neuen Woche.

Die Produktauswahl, das Risiko- und Moneymanagement sind analog der Trendhoch-Strategie. Zur Ermittlung des Einzelpositionsrisikos kann als theoretischer StopLoss-Wert der Kurs der unteren Envelope-Linie angesetzt werden.

Die folgende Grafik (Abb. 15) zeigt die komplette Handelsidee:

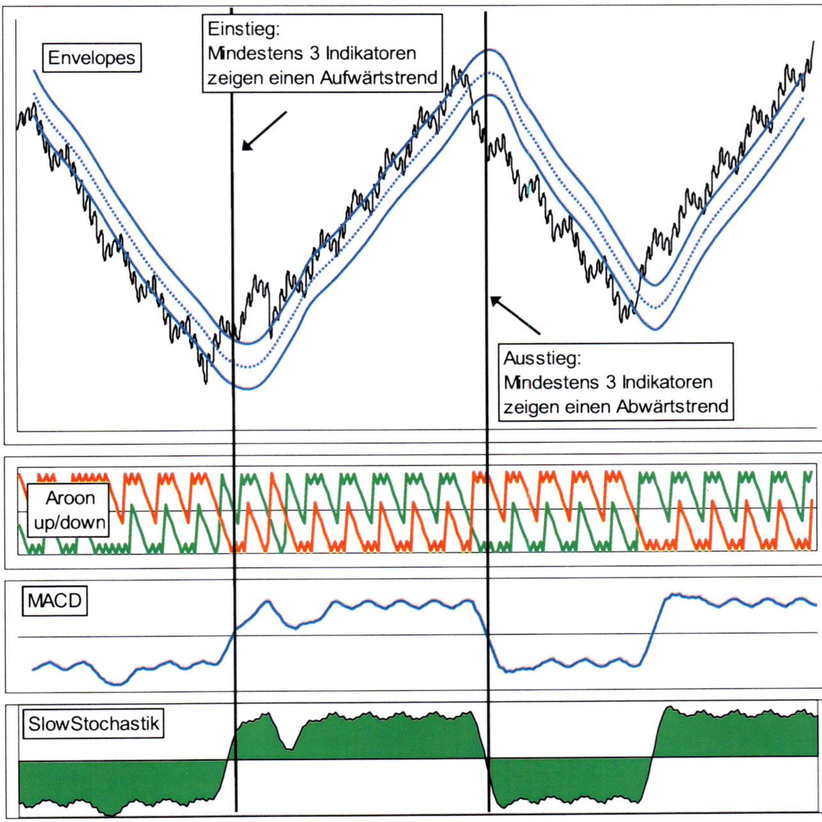

Abb. 15

Der Vergangenheitstest

Auch hier der Performancetest.

Betrachtungszeitraum:
Rund 10 Jahre rückwirkend, letzter Betrachtungsstichtag ist der 31.12.2011.

Trends:
Im Betrachtungszeitraum werden alle signalisierten Käufe/Verkäufe innerhalb der Aufwärtstrends analysiert.

Kauf-/Verkaufsimulation:
Die Signalerzeugung erfolgt nach Handelsschluss zum Wochenende. Als Kauf-/Verkaufskurs wird der Eröffnungskurs des ersten Handelstages in der Folgewoche angesetzt.

Basiswerte:
DAX und SDAX

Performanceanalyse:
Dargestellt wird die prozentuale Veränderung zwischen Kauf und Verkauf, ohne Berücksichtigung von Kosten oder individuellen steuerlichen Gegebenheiten. Es zählt allein die Performance der erzeugten Signale.

Hier die Ergebnisse der Multi-Indikator-Strategie:

Multi-Indikator-Strategie - DAX					
Datum Einstiegs-signal	Kurs Einstieg	Datum Ausstiegs-signal	Kurs Ausstieg	Veränderung in Prozent	Was wurde aus 5.000 € ?
28.12.01	5.155	03.05.02	4.884	-5,3%	4.737
02.05.03	2.991	21.05.04	3.842	28,5%	6.085
02.07.04	3.998	23.07.04	3.795	-5,1%	5.776
17.09.04	3.986	09.06.06	5.458	36,9%	7.909
18.08.06	5.804	18.01.08	7.293	25,7%	9.938
30.04.09	4.790	05.08.11	6.170	28,8%	12.801
					156,0%

Die folgende Grafik (Abb. 16) zeigt die beiden Kapitalkurven des Index und der Handelsstrategie im Zeitverlauf:

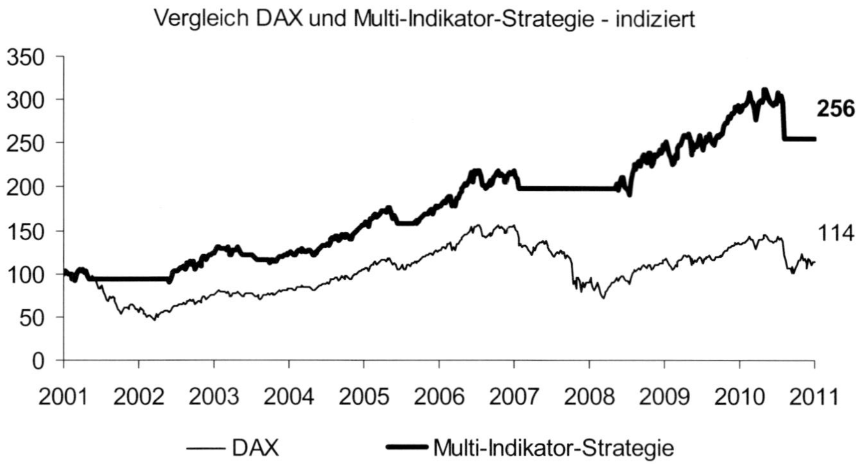

Abb. 16

In dem dargestellten Zeitraum (28.12.2001 – 31.12.2011) verzeichnet der Index einen Zuwachs von 14%, während die Strategie um 156% ansteigt.

Multi-Indikator-Strategie - SDAX					
Datum Einstiegs-signal	Kurs Einstieg	Datum Ausstiegs-signal	Kurs Ausstieg	Veränderung in Prozent	Was wurde aus 5.000 € ?
08.03.02	2.443	28.06.02	2.365	-3,2%	4.840
17.04.03	1.863	06.08.04	2.785	49,5%	7.236
24.09.04	2.857	16.06.06	4.579	60,3%	11.597
06.10.06	4.968	03.08.07	6.038	21,5%	14.095
08.05.09	2.854	05.08.11	4.509	58,0%	22.268
					345,4%

Die folgende Grafik (Abb. 17) zeigt die beiden Kapitalkurven des Index und der Handelsstrategie im Zeitverlauf:

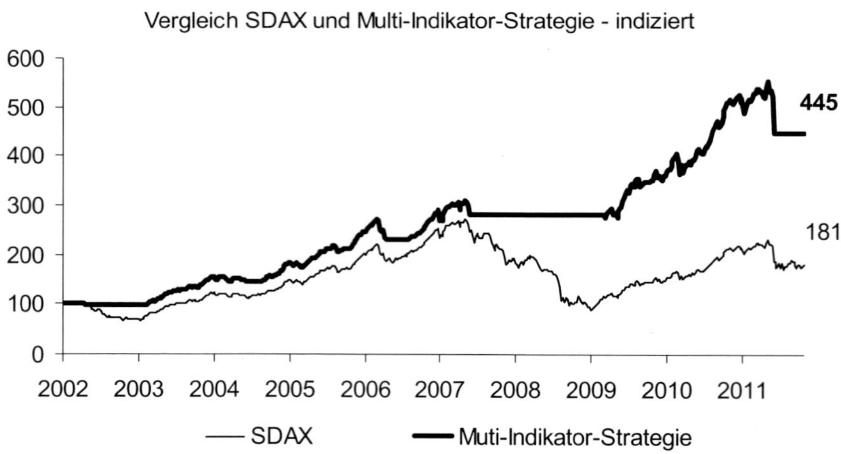

Abb. 17

In dem dargestellten Zeitraum (08.03.2002 – 31.12.2011) verzeichnet der Index einen Zuwachs von 81%, während die Strategie um 345% ansteigt.

Die Trendwechsel-Strategie

Rahmenbedingungen:

- Mittel- bis langfristiger Anlagehorizont
- Einsatz eines Indikators für Trendrichtung und Trendintensität

Als Trendfolger ist es für mich von entscheidender Bedeutung, den Wechsel eines Trends, beispielsweise von einer längeren Abwärtsbewegung hin zu einem Aufwärtstrend, zeitnah zu erkennen. Es reicht mir in dieser Strategie jedoch nicht aus, dass ein Indikator den neuen Trend anzeigt, sondern ich möchte zusätzlich einen Hinweis erhalten, wie stark bzw. wie intensiv sich der aktuelle Trend entwickelt.

Für diesen Zweck setze ich den Aroon-Oszillator ein.

Den Aroon up/down habe ich Ihnen bereits erklärt und die Anwendung in einigen Strategien gezeigt. Der Aroon signalisiert neue Hoch-/Tiefpunkte und zeigt Aufwärts-/Abwärtsphasen an. Aus den beiden Kurven dieses Instruments wird nun ein weiterer Indikator berechnet, der Aroon-Oszillator.

Die Berechnung ist sehr einfach. Es wird vom Wert des Aroon up der Wert des Aroon down abgezogen. Man erhält eine Kurve, die zwischen den Extremwerten +100 und -100 pendelt. Zeigt der Aroon-Oszillator den Wert 100 an, dann hat der zugrunde liegende Aroon up den Wert 100 und der Aroon down den Wert 0. Kreuzt der Aroon-Oszillator seine Mittellinie (Nulllinie), dann kreuzen sich auch die beiden Aroon Kurven.

Das Zusammenspiel der beiden Aroon-Linien gewinnt nun an Bedeutung. Schneidet der Aroon-Oszillator seine Mittellinie, dann signalisiert dies den eigentlichen Trendwechsel.

Je stärker ein Aufwärtstrend ist, desto höher liegt der Aroon up über dem Aroon down. Es werden zunehmend mehr neue Höchstwerte erzeugt und die letzten Tiefstwerte rutschen zeitlich in Richtung Vergangenheit, was ein Sinken der Aroon down Kurve zur Folge hat. In dieser Phase steigt der Aroon-Oszillator deutlich an. Werte über +50 signalisieren einen starken Aufwärtstrend, Werte unter -50 einen starken Abwärtstrend.

Der Aroon-Oszillator zeigt also nicht nur die Trendrichtung an, sondern ebenfalls die Trendstärke bzw. Trendintensität. Diese beiden Sachverhalte nutze ich in der Trendwechsel-Strategie. Als Zeitraum verwende ich hier eine Zeitspanne von 18 Wochen.

Wegen der gegenseitigen Filterfunktion sollte eine Handelsidee niemals nur aus einem einzigen Indikator bestehen. Daher kombiniere ich den Aroon-Oszillator mit den Envelopes. Wie bei der Multi-Indikator-Strategie erklärt, sind Envelopes Umhüllungen um einen einfachen gleitenden Durchschnitt (SMA), indem dieser um einen bestimmten Prozentsatz nach oben und unten verschoben wird. Liegt der Kurs über den Envelopes, signalisiert dies einen Aufwärtstrend. Liegt er darunter, zeigt dies einen Abwärtstrend an. Für die Envelopes definiere ich einen längeren Zeitraum von 30 Wochen und eine Bandbreite von 2,5%.

Zusammenfassung der Trendwechsel-Strategie:

Aroon-Oszillator (18)
Envelopes (30/2,5%)

Die Einstiegsregel

Liegt zum Wochenende im Wochenchart der Kurs über den Envelopes und gleichzeitig zeigt der Aroon-Oszillator einen Wert größer +50 an (hohe Trendintensität), dann wird zum Handelsstart der Folgewoche eine Position eröffnet.

Wenn ich eine bestehende Position aufstocken möchte, erfolgt dies ebenfalls nach der Einstiegsregel. Vor einer Kaufentscheidung, ist grundsätzlich das Gesamtrisiko zu prüfen. Liegt dieses über einem definierten Grenzwert, sind Kaufentscheidungen per Strategiedefinition blockiert.

Die Ausstiegsregel

Liegt zum Handelsschluss am Wochenende der Kurs unter den Envelopes und gleichzeitig zeigt der Aroon-Oszillator einen Wert kleiner 0 an (Trendwechsel), dann wird zum Handelsstart der Folgewoche die Position geschlossen.

Die Produktauswahl, das Risiko- und Moneymanagement sind analog der Trendhoch-Strategie. Zur Ermittlung des Einzelpositionsrisikos kann als theoretischer StopLoss-Wert der Kurs der unteren Envelope-Linie angesetzt werden.

Die folgende Grafik (Abb. 18) zeigt die Handelsidee:

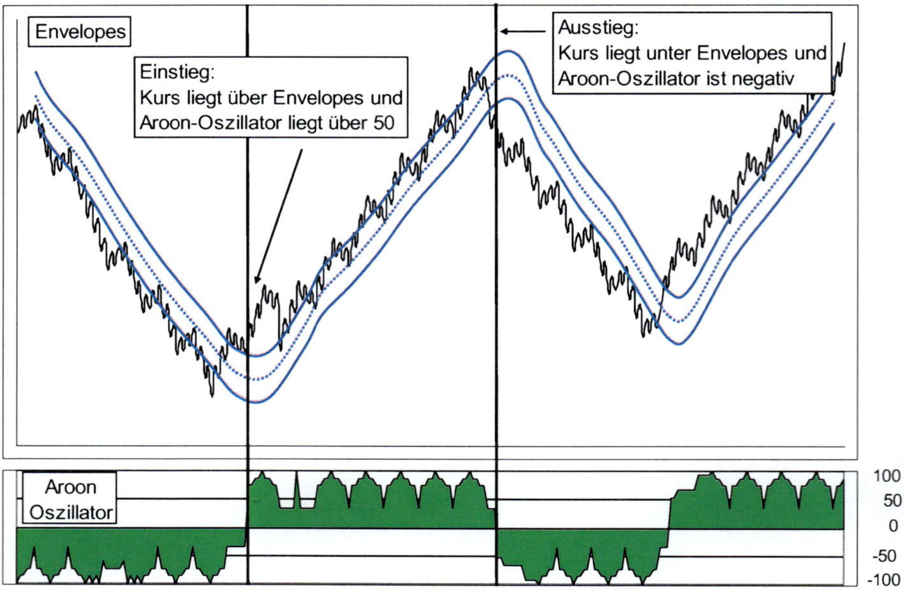

Abb. 18

Der Vergangenheitstest

Auch hier der Performancetest.

Betrachtungszeitraum:
Rund 10 Jahre rückwirkend, letzter Betrachtungsstichtag ist der 31.12.2011.

Trends:
Im Betrachtungszeitraum werden alle signalisierten Käufe/Verkäufe innerhalb der Aufwärtstrends analysiert.

Kauf-/Verkaufsimulation:
Die Signalerzeugung erfolgt nach Handelsschluss zum Wochenende. Als Kauf-/Verkaufskurs wird der Eröffnungskurs des ersten Handelstages in der Folgewoche angesetzt.

Basiswerte:
DAX und SDAX

Performanceanalyse:
Dargestellt wird die prozentuale Veränderung zwischen Kauf und Verkauf, ohne Berücksichtigung von Kosten oder individuellen steuerlichen Gegebenheiten. Es zählt allein die Performance der erzeugten Signale.

Hier die Ergebnisse der Trendwechsel-Strategie:

Trendwechsel-Strategie - DAX					
Datum Einstiegs-signal	Kurs Einstieg	Datum Ausstiegs-signal	Kurs Ausstieg	Veränderung in Prozent	Was wurde aus 5.000 € ?
08.03.02	5.360	07.06.02	4.617	-13,9%	4.307
06.06.03	3.124	14.05.04	3.801	21,7%	5.240
05.11.04	4.063	09.06.06	5.458	34,3%	7.039
29.09.06	6.019	18.01.08	7.293	21,2%	8.529
22.05.09	4.936	05.08.11	6.170	25,0%	10.662
					113,2%

Die folgende Grafik (Abb. 19) zeigt die beiden Kapitalkurven des Index und der Handelsstrategie im Zeitverlauf:

Abb. 19

In dem dargestellten Zeitraum (08.03.2002 – 31.12.2011) verzeichnet der Index einen Zuwachs von 10%, während die Strategie um 113% ansteigt.

Trendwechsel-Strategie - SDAX					
Datum Einstiegs-signal	Kurs Einstieg	Datum Ausstiegs-signal	Kurs Ausstieg	Veränderung in Prozent	Was wurde aus 5.000 € ?
28.03.02	2.462	28.06.02	2.365	-3,9%	4.803
06.06.03	2.104	06.08.04	2.785	32,4%	6.358
05.11.04	2.968	16.06.06	4.579	54,3%	9.808
13.10.06	5.006	10.08.07	5.801	15,9%	11.366
22.05.09	2.886	05.08.11	4.509	56,2%	17.758
					255,2%

Die folgende Grafik (Abb. 20) zeigt die beiden Kapitalkurven des Index und der Handelsstrategie im Zeitverlauf:

Abb. 20

In dem dargestellten Zeitraum (28.03.2002 – 31.12.2011) verzeichnet der Index einen Zuwachs von 80%, während die Strategie um 255% ansteigt.

Die Indikator-Mix-Strategie

Rahmenbedingungen:

- Mittel- bis langfristiger Anlagehorizont
- Separate Trenderkennung
- Kombination aus drei Indikatoren
- Einstieg / Ausstieg bei identischem Signal aller drei Indikatoren

Bei dieser Handelsidee verwende ich eine separate Trenderkennung in Kombination mit drei weiteren Indikatoren. Sobald durch die Trenderkennung ein Aufwärtstrend angezeigt wird, erzeugen die drei anderen Indikatoren gemeinsam Ein- und Ausstiegssignale.

Diese Strategie eignet sich auch gut, um die Indikatoren etwas kürzer einzustellen, mit dem Ziel das Risiko geringer zu halten. Die Schwankungsbreite, die man dem Kurs einräumt, wird enger begrenzt. Dadurch ergeben sich frühere Ein- und Ausstiege, wodurch sich die Handelsfrequenz und damit auch die Transaktionskosten erhöhen. Wenn sich nach dem Ausstieg aus einer Position der Trend weiter fortsetzt, erfolgt nach den Systemregeln erneut ein Einstieg, um die Aufwärtsbewegung weiterhin gewinnbringend auszunutzen.

Da ich in „Absolute Weekly“ mittel- bis langfristige Handelsstrategien vorstelle, werde ich zur besseren Vergleichbarkeit der Handelsideen untereinander, auch bei der Indikator-Mix-Strategie, eine längerfristige Einstellung wählen.

Damit der Chartverlauf aus unterschiedlichen Blickwinkeln bewertet wird, kombiniere ich Indikatoren mit unterschiedlichen Berechnungsgrundlagen. Während der Aroon up/down die vergangene Zeit seit dem letzten Periodenhoch / -tief in Prozent anzeigt, errechnet sich ein gleitender Durchschnitt aus allen Kurswerten innerhalb des eingestellten Zeitraums. Die Stochastik hingegen berechnet aus drei Kursen die relative Position des aktuellen Kurses innerhalb der Hoch-Tiefspanne der eingestellten Zeitperiode.

> Die Effektivität einer Strategie kommt aus dem gemeinsamen Zusammenspiel unterschiedlicher Instrumente, die in ihrer Signalerzeugung aufeinander abgestimmt sind und gegenseitig Fehlsignale minimieren.

Die Indikatoren

Als ersten Indikator verwende ich im Wochenchart den Aroon up/down (15). Der jeweils letzte 100er-Wert von Aroon up oder down legt die aktuelle Aufwärts- oder Abwärtsphase des Basiswertes fest. Sobald der Aroon up den Wert 100 anzeigt, beginnt damit eine Aufwärtsphase, die erst endet, wenn der Aroon down den Wert 100 erreicht hat. Dabei ist es unerheblich, welche der beiden Linien zwischenzeitlich über der anderen liegt. Nur der letzte 100er Wert ist maßgeblich.

Zweiter Indikator ist die SlowStochastik, die im Wochenchart die Einstellung (25/2) erhält.

Als dritten Indikator kombiniere ich zwei gleitende Durchschnitte, die ich direkt im Wochenchart einblende. Ich verwende einen kurzen EMA (5) und einen längeren SMA (20).

Die Signalerzeugung erfolgt gemeinsam von allen drei Indikatoren. Damit nur Investitionen in Trendrichtung vorgenommen werden, verwende ich auf Wochenbasis den MACD (10/20/1) ohne Signallinie zur Trenderkennung.

Zusammenfassung der Indikator-Mix-Strategie:

Aroon (15)
SlowStochastik (25/2)
EMA (5) und SMA (20)
MACD (10/20/1)

Die Einstiegsregel

Die Prüfung der ausgewählten Produkte erfolgt nach Handelsschluss am Wochenende. Zunächst wird im Wochenchart der Trend durch den MACD erkannt. Dieser muss positiv sein, was einen Aufwärtstrend signalisiert.

Dann müssen die folgenden Signale zusammen als Kombination im Wochenchart auftreten. Der Indikator, welcher das letzte Signal liefert, bestimmt den Kaufzeitpunkt.

Der Aroon zeigt eine Aufwärtsphase an
+ die SlowStochastik zeigt einen Wert größer/gleich 50 an
+ der Wochenschlusskurs und der EMA liegen über dem SMA.
Aktion: Kauf zur nächsten Handelseröffnung in der Folgewoche.

Wenn ich eine bestehende Position aufstocken möchte, erfolgt dies ebenfalls nach der Einstiegsregel. Vor einer Kaufentscheidung, ist grundsätzlich das Gesamtrisiko zu prüfen. Liegt dieses über einem definierten Grenzwert, sind Kaufentscheidungen per Strategiedefinition blockiert.

Die Ausstiegsregel

Zum Handelsschluss am Wochenende müssen folgende Signale zusammen als Kombination im Wochenchart auftreten:

Der Aroon zeigt eine Abwärtsphase an
+ die SlowStochastik zeigt einen Wert kleiner 50 an
+ der Wochenschlusskurs <u>und</u> der EMA liegen unter dem SMA.
<u>Aktion</u>: Verkauf zur nächsten Handelseröffnung in der Folgewoche.

Die Produktauswahl, das Risiko- und Moneymanagement sind analog der Trendhoch-Strategie. Zur Ermittlung des Einzelpositionsrisikos kann als theoretischer StopLoss-Wert der Kurs des SMA angesetzt werden.

Die folgende Grafik (Abb. 21) zeigt die vollständige Handelsidee:

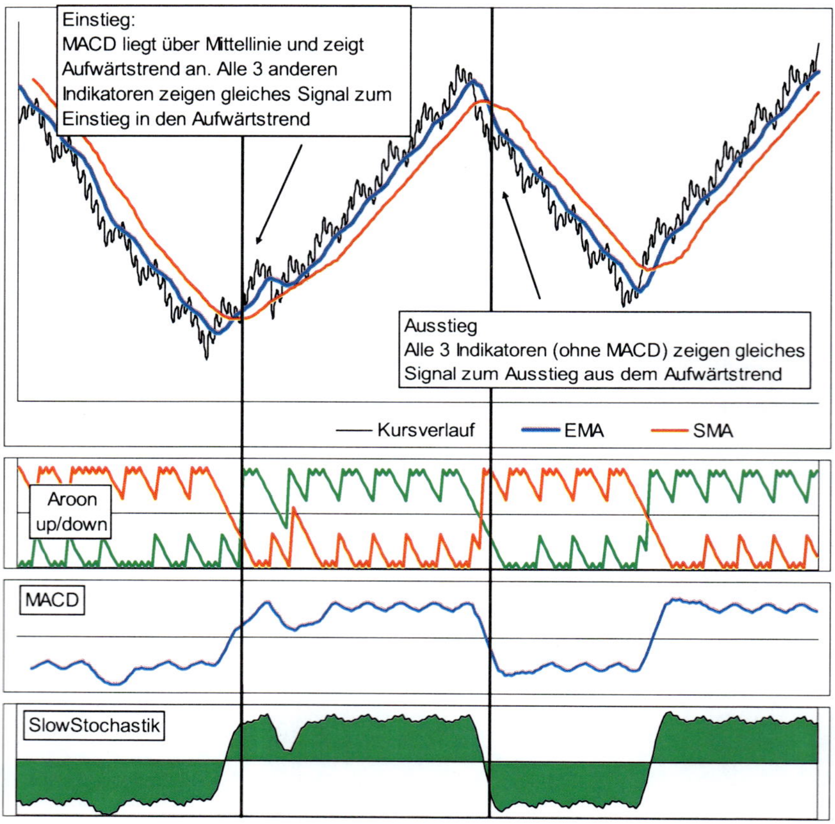

Abb. 21

Der Vergangenheitstest

Auch hier der Performancetest.

Betrachtungszeitraum:
Rund 10 Jahre rückwirkend, letzter Betrachtungsstichtag ist der 31.12.2011.

Trends:
Im Betrachtungszeitraum werden alle signalisierten Käufe/Verkäufe innerhalb der Aufwärtstrends analysiert.

Kauf-/Verkaufsimulation:
Die Signalerzeugung erfolgt nach Handelsschluss zum Wochenende. Als Kauf-/Verkaufskurs wird der Eröffnungskurs des ersten Handelstages in der Folgewoche angesetzt.

Basiswerte:
DAX und SDAX

Performanceanalyse:
Dargestellt wird die prozentuale Veränderung zwischen Kauf und Verkauf, ohne Berücksichtigung von Kosten oder individuellen steuerlichen Gegebenheiten. Es zählt allein die Performance der erzeugten Signale.

Hier die Ergebnisse der Indikator-Mix-Strategie:

Indikator-Mix Strategie - DAX					
Datum Einstiegs-signal	Kurs Einstieg	Datum Ausstiegs-signal	Kurs Ausstieg	Veränderung in Prozent	Was wurde aus 5.000 € ?
04.01.02	5.327	07.06.02	4.617	-13,3%	4.334
30.05.03	2.990	14.05.04	3.801	27,1%	5.509
05.11.04	4.063	29.04.05	4.208	3,6%	5.706
27.05.05	4.445	09.06.06	5.458	22,8%	7.006
01.09.06	5.890	18.01.08	7.293	23,8%	8.675
15.05.09	4.702	05.08.11	6.170	31,2%	11.383
					127,7%

Die folgende Grafik (Abb. 22) zeigt die beiden Kapitalkurven des Index und der Handelsstrategie im Zeitverlauf:

Abb. 22

In dem dargestellten Zeitraum (04.01.2002 – 31.12.2011) verzeichnet der Index einen Zuwachs von 11%, während die Strategie um 128% ansteigt.

Indikator-Mix Strategie - SDAX					
Datum Einstiegs-signal	Kurs Einstieg	Datum Ausstiegs-signal	Kurs Ausstieg	Veränderung in Prozent	Was wurde aus 5.000 € ?
15.03.02	2.445	28.06.02	2.365	-3,3%	4.836
25.04.03	1.922	16.07.04	2.834	47,5%	7.131
29.10.04	2.937	09.06.06	4.642	58,1%	11.271
06.10.06	4.968	03.08.07	6.038	21,5%	13.699
22.05.09	2.886	05.08.11	4.509	56,2%	21.403
					328,1%

Die folgende Grafik (Abb. 23) zeigt die beiden Kapitalkurven des Index und der Handelsstrategie im Zeitverlauf:

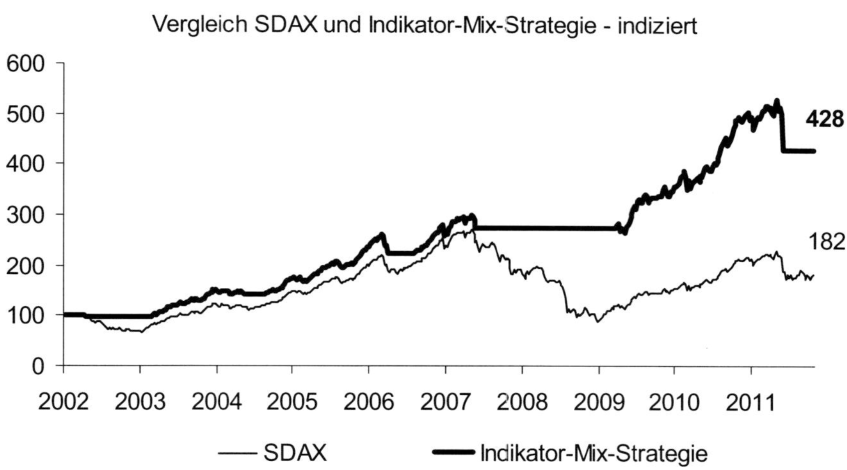

Abb. 23

In dem dargestellten Zeitraum (15.03.2002 – 31.12.2011) verzeichnet der Index einen Zuwachs von 82%, während die Strategie um 328% ansteigt.

Die Kurs-Ausbruch-Strategie

Rahmenbedingungen:

- Mittel- bis langfristiger Anlagehorizont
- Einstieg bei neuem Trendhoch innerhalb eines längerfristigen Zeitraums

Bei der Kurs-Ausbruch-Strategie wird zu dem Zeitpunkt ein Einstiegssignal erzeugt, wenn der Kurs des Basiswertes aus einem 15-Wochenzeitraum nach oben ausbricht. Ein neues 15-Wochenhoch erzeugt das entscheidende Signal.

Die Indikatoren

Zunächst glätte ich im Wochenchart den Kursverlauf minimal mit einem EMA (3). Damit filtere ich einzelne übertriebene Wochenausschläge heraus. Als nächstes lege ich einen gleitenden Durchschnitt mit einem längeren Zeitraum fest, der den langfristigen Trend bestimmt. Hierzu verwende ich einen SMA (35). Damit gebe ich dem Kurs ausreichend Schwankungsbreite und fange die großen Trends mit wenigen Fehlsignalen ein. Das 15-Wochenhoch wird durch den Aroon up/down (15) signalisiert. Mehr als drei Indikatoren sind in dieser Handelsidee nicht erforderlich.

Übersicht der Indikatoren bei der Kurs-Ausbruch-Strategie:

Aroon (15)
EMA (3)
SMA (35)

Die Einstiegsregel

Liegt zum Handelsschluss am Wochenende der Kurs und der EMA über dem SMA und gleichzeitig zeigt der Aroon up einen 100er-Wert an („Kaufe-neue-Hochs"), dann wird zum Handelsstart der Folgewoche eine Position eröffnet. Eine erneute Bestätigung des Hochs, wie bei der Trendhoch-Strategie, ist hier keine Bedingung.

Wenn ich eine bestehende Position aufstocken möchte, erfolgt dies ebenfalls nach der Einstiegsregel. Vor einer Kaufentscheidung, ist grundsätzlich das Gesamtrisiko zu prüfen. Liegt dieses über einem definierten Grenzwert, sind Kaufentscheidungen per Strategiedefinition blockiert.

Die Ausstiegsregel

Liegt zum Handelsschluss am Wochenende der Kurs und der EMA unter dem SMA, dann wird zum Handelsstart der Folgewoche die Position geschlossen.

Die Produktauswahl, das Risiko- und Moneymanagement sind analog der Trendhoch-Strategie. Zur Ermittlung des Einzelpositionsrisikos kann als theoretischer StopLoss-Wert der Kurs des SMA angesetzt werden.

Die folgende Grafik (Abb. 24) zeigt die Handelsidee:

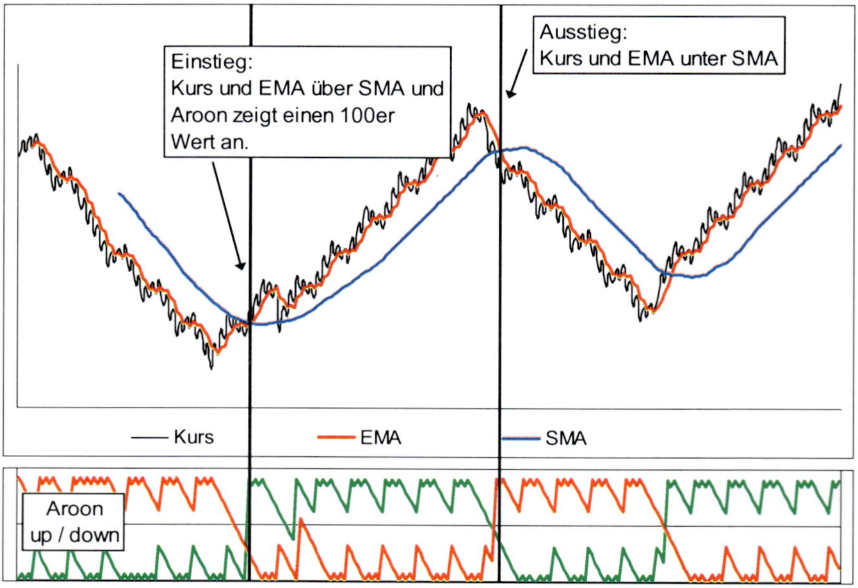

Abb. 24

Der Vergangenheitstest

Auch hier der Performancetest.

Betrachtungszeitraum:
Rund 10 Jahre rückwirkend, letzter Betrachtungsstichtag ist der 31.12.2011.

Trends:
Im Betrachtungszeitraum werden alle signalisierten Käufe/Verkäufe innerhalb der Aufwärtstrends analysiert.

Kauf-/Verkaufsimulation:
Die Signalerzeugung erfolgt nach Handelsschluss zum Wochenende. Als Kauf-/Verkaufskurs wird der Eröffnungskurs des ersten Handelstages in der Folgewoche angesetzt.

Basiswerte:
DAX und SDAX

Performanceanalyse:
Dargestellt wird die prozentuale Veränderung zwischen Kauf und Verkauf, ohne Berücksichtigung von Kosten oder individuellen steuerlichen Gegebenheiten. Es zählt allein die Performance der erzeugten Signale.

Hier die Ergebnisse der Kurs-Ausbruch-Strategie:

Kurs-Ausbruch-Strategie - DAX					
Datum Einstiegs-signal	Kurs Einstieg	Datum Ausstiegs-signal	Kurs Ausstieg	Veränderung in Prozent	Was wurde aus 5.000 € ?
08.03.02	5.360	10.05.02	4.861	-9,3%	4.535
09.05.03	2.961	21.05.04	3.842	29,8%	5.884
05.11.04	4.063	16.06.06	5.388	32,6%	7.802
01.09.06	5.890	18.01.08	7.293	23,8%	9.661
08.05.09	4.907	05.08.11	6.170	25,7%	12.148
					143,0%

Die folgende Grafik (Abb. 25) zeigt die beiden Kapitalkurven des Index und der Handelsstrategie im Zeitverlauf:

Abb. 25

In dem dargestellten Zeitraum (08.03.2002 – 31.12.2011) verzeichnet der Index einen Zuwachs von 10%, während die Strategie um 143% ansteigt.

Kurs-Ausbruch-Strategie - SDAX					
Datum Einstiegs-signal	Kurs Einstieg	Datum Ausstiegs-signal	Kurs Ausstieg	Veränderung in Prozent	Was wurde aus 5.000 € ?
15.03.02	2.445	28.06.02	2.365	-3,3%	4.836
17.04.03	1.863	06.08.04	2.785	49,5%	7.230
29.10.04	2.938	23.06.06	4.668	58,9%	11.487
29.09.06	4.934	10.08.07	5.801	17,6%	13.506
08.05.09	2.854	05.08.11	4.509	58,0%	21.338
					326,8%

Die folgende Grafik (Abb. 26) zeigt die beiden Kapitalkurven des Index und der Handelsstrategie im Zeitverlauf:

Abb. 26

In dem dargestellten Zeitraum (15.03.2002 – 31.12.2011) verzeichnet der Index einen Zuwachs von 79%, während die Strategie um 327% ansteigt.

Die EasyVelope-Strategie

Rahmenbedingungen:

- Mittel- bis langfristiger Anlagehorizont
- Einsatz der Envelopes als Hauptindikator

Die EasyVelope-Strategie ist eine einfache Handelsidee, die sich aus zwei Indikatoren zusammensetzt. Bei der Multi-Indikatorstrategie habe ich Ihnen schon die Envelopes (Umhüllungen) vorgestellt. Es handelt sich um einen SMA, der um einen definierten Prozentsatz nach oben und unten verschoben wird, was eine neutrale Pufferzone um die Durchschnittslinie erzeugt. Innerhalb dieser Zone werden keine Handelssignale generiert, was dazu beiträgt, Fehlsignale zu vermeiden. Dennoch kann es bei einem kurzfristigen stärkeren Kursausschlag über die Grenzen der Envelopes hinaus, zu einem voreiligen Ein- bzw. Ausstieg kommen, der sich in der Folgewoche als Fehlsignal herausstellen kann. Bei der EasyVelope-Strategie verwende ich daher zusätzlich einen kurzfristigen EMA, um solchen Situationen vorzubeugen. Erst wenn zum Wochenende der Kurs und der EMA außerhalb der Envelopes liegen, wird ein Handelssignal erzeugt.

Übersicht der Indikatoren bei der EasyVelope-Strategie:

EMA (3)
Envelopes (25 / 2,5%)

Die Einstiegsregel

Liegt zum Handelsende einer Woche der Schlusskurs und der EMA über der oberen Envelope-Linie, dann wird zur Folgewoche eine Position eröffnet. Wenn eine bestehende Position aufgestockt werden soll, erfolgt dies ebenfalls nach der Einstiegsregel. Vor einer Kaufentscheidung, ist grundsätzlich das Gesamtrisiko zu prüfen. Liegt dieses über einem definierten Grenzwert, sind Kaufentscheidungen per Strategiedefinition blockiert.

Die Ausstiegsregel

Liegen im Wochenchart zum Wochenende der Kurs und der EMA unter der unteren Envelope-Linie, dann wird zur Folgewoche eine bestehende Position geschlossen. Die Produktauswahl, das Risiko- und Moneymanagement sind analog der Trendhoch-Strategie. Zur Ermittlung des Einzelpositionsrisikos kann als theoretischer StopLoss-Wert der Kurs der unteren Envelope-Linie angesetzt werden.

Die folgende Grafik (Abb. 27) zeigt die Handelsidee:

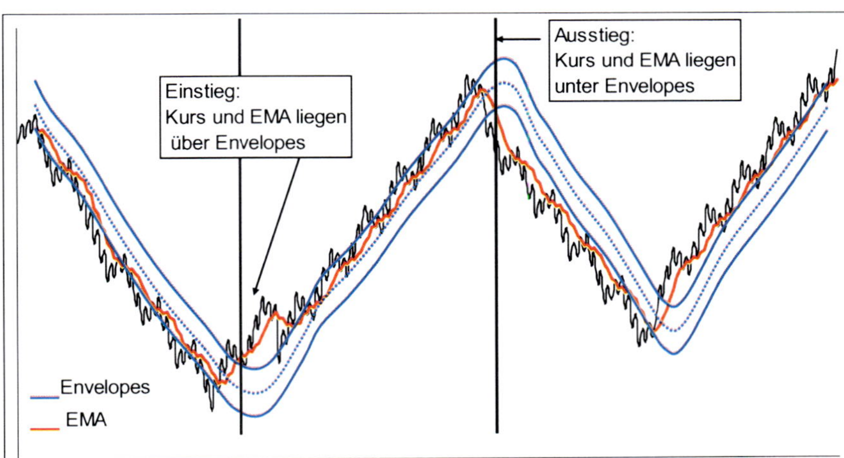

Abb. 27

Der Vergangenheitstest

Auch hier der Performancetest.

Betrachtungszeitraum:
Rund 10 Jahre rückwirkend, letzter Betrachtungsstichtag ist der 31.12.2011.

Trends:
Im Betrachtungszeitraum werden alle signalisierten Käufe/Verkäufe innerhalb der Aufwärtstrends analysiert.

Kauf-/Verkaufsimulation:
Die Signalerzeugung erfolgt nach Handelsschluss zum Wochenende. Als Kauf-/Verkaufskurs wird der Eröffnungskurs des ersten Handelstages in der Folgewoche angesetzt.

Basiswerte:
DAX und SDAX

Performanceanalyse:
Dargestellt wird die prozentuale Veränderung zwischen Kauf und Verkauf, ohne Berücksichtigung von Kosten oder individuellen steuerlichen Gegebenheiten. Es zählt allein die Performance der erzeugten Signale.

Hier die Ergebnisse der EasyVelope-Strategie:

EasyVelope-Strategie DAX					
Datum Einstiegs-signal	Kurs Einstieg	Datum Ausstiegs-signal	Kurs Ausstieg	Veränderung in Prozent	Was wurde aus 5.000 € ?
01.03.02	5.108	10.05.02	4.861	-4,8%	4.758
09.05.03	2.961	21.05.04	3.842	29,8%	6.174
12.11.04	4.163	09.06.06	5.458	31,1%	8.095
29.09.06	6.019	18.01.08	7.293	21,2%	9.808
24.04.09	4.625	05.08.11	6.170	33,4%	13.084
					161,7%

Die folgende Grafik (Abb. 28) zeigt die beiden Kapitalkurven des Index und der Handelsstrategie im Zeitverlauf:

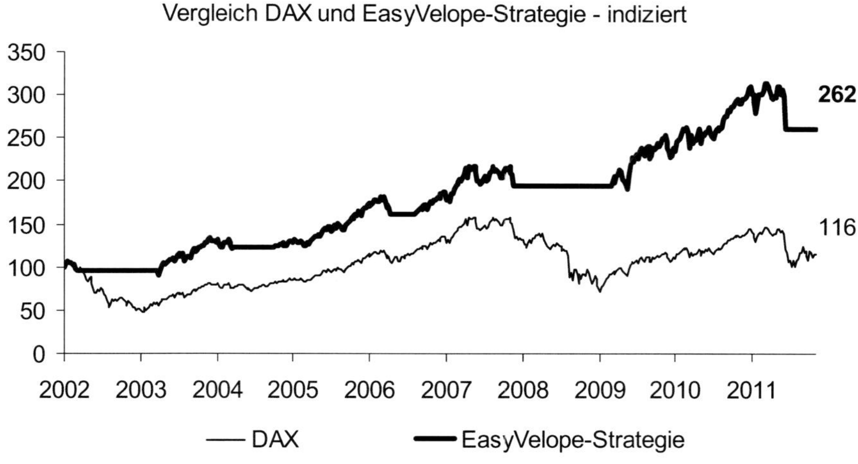

Abb. 28

In dem dargestellten Zeitraum (01.03.2002 – 31.12.2011) verzeichnet der Index einen Zuwachs von 16%, während die Strategie um 162% ansteigt.

EasyVelope-Strategie SDAX					
Datum Einstiegs-signal	Kurs Einstieg	Datum Ausstiegs-signal	Kurs Ausstieg	Veränderung in Prozent	Was wurde aus 5.000 € ?
08.03.02	2.443	05.07.02	2.352	-3,7%	4.814
17.04.03	1.863	06.08.04	2.785	49,5%	7.196
05.11.04	2.968	16.06.06	4.579	54,3%	11.102
13.10.06	5.006	10.08.07	5.801	15,9%	12.865
17.04.09	2.700	05.08.11	4.509	67,0%	21.485
					329,7%

Die folgende Grafik (Abb. 29) zeigt die beiden Kapitalkurven des Index und der Handelsstrategie im Zeitverlauf:

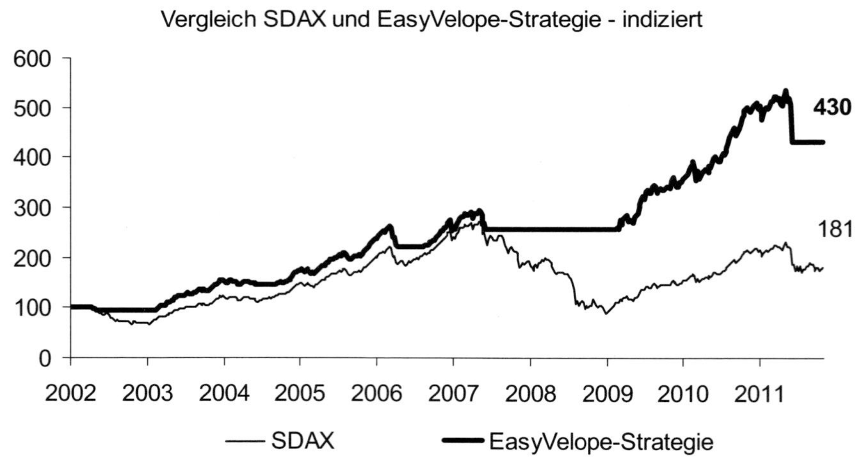

Abb. 29

In dem dargestellten Zeitraum (08.03.2002 – 31.12.2011) verzeichnet der Index einen Zuwachs von 81%, während die Strategie um 330% ansteigt.

Die 3-GD-Strategie

Rahmenbedingungen:

- Mittel- bis langfristiger Anlagehorizont
- Einsatz von drei gleitenden Durchschnitten
- Integrierte Trenderkennung

Gleitende Durchschnitte (GD) sind sehr beliebte Instrumente in der Chartanalyse. Gleitende Durchschnitte haben den Vorteil, dass sie durch ihre Berechnungsmethode einzelne Kursausreißer abfedern. Gleichzeitig ist dies aber auch ein Nachteil, weil gleitende Durchschnitte eher träge auf aktuelle Kursänderungen reagieren und daher den Kursen stets hinterher laufen. Sehr bekannt ist die 200-Tagelinie, die auch in vielen Tageszeitungen regelmäßig abgebildet wird.

Aufgrund der allgemeinen Popularität dieses Indikators und dessen einfacher Anwendbarkeit in den Charts, habe ich ein trendfolgendes Handelssystem definiert, in welchem ich drei unterschiedliche Durchschnittskurven kombiniere und aus deren Zusammenspiel Handelssignale ableite. Der Chart besteht dabei insgesamt aus vier Kurven: Dem eigentlichen Kursverlauf, einem sehr kurzfristigen EMA, einem mittelfristigen SMA und einem längerfristigen SMA. Der mittel- und längerfristige SMA sind zur Positionseröffnung wichtig, da sie zusammen die Trenderkennung bilden, während das Verhältnis zwischen dem kurzfristigen EMA und dem längerfristigen SMA für den Ausstieg entscheidend ist.

Wenn sich ein Aufwärtstrend etabliert hat, dann sind alle vier Kurven aufgefächert übereinander angeordnet. Der Kursverlauf des Basiswertes wird über dem kurzfristigen EMA liegen, dieser über dem mittelfristigen SMA und darunter wird der längerfristige SMA verlaufen. Liegt hingegen zum Wochenschlusskurs der Kurswert und der kurzfristige EMA unter dem längerfristigen SMA, so gilt der Trend als gebrochen und ein Ausstieg wird signalisiert. Beim Ausstiegssignal spielt der mittelfristige SMA keine Rolle.

Übersicht der Indikatoren bei der 3-GD-Strategie:

EMA (3)
SMA (8)
SMA (35)

Die Einstiegsregel

Liegt zum Handelsende einer Woche der Schlusskurs über dem EMA (3), dieser über dem SMA (8) und dieser über dem SMA (35), so wird zum Beginn der Folgewoche eine Position eröffnet. In dieser Regel ist automatisch die Trenderkennung integriert (mittelfristiger SMA > längerfristiger SMA).

Wenn ich eine bestehende Position aufstocken möchte, erfolgt dies ebenfalls nach der Einstiegsregel. Vor einer Kaufentscheidung, ist grundsätzlich das Gesamtrisiko zu prüfen. Liegt dieses über einem definierten Grenzwert, sind Kaufentscheidungen per Strategiedefinition blockiert.

Die Ausstiegsregel

Liegt zum Handelsschluss am Wochenende der Kurs und der EMA (3) unter dem SMA (35), dann wird zum Handelsstart der Folgewoche die Position geschlossen.

Die Produktauswahl, das Risiko- und Moneymanagement sind analog der Trendhoch-Strategie. Zur Ermittlung des Einzelpositionsrisikos kann als theoretischer StopLoss-Wert der Kurs des längerfristigen SMA angesetzt werden.

Die folgende Grafik (Abb. 30) zeigt die Handelsidee:

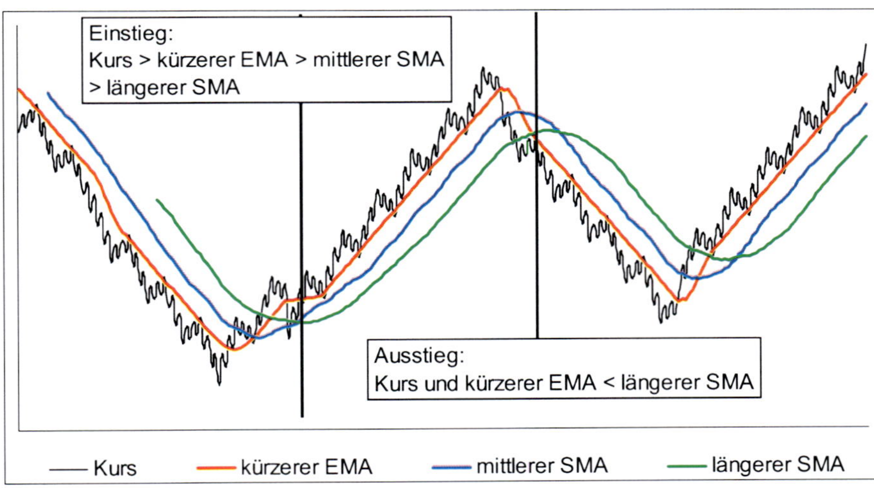

Abb. 30

Der Vergangenheitstest

Auch hier der Performancetest.

Betrachtungszeitraum:
Rund 10 Jahre rückwirkend, letzter Betrachtungsstichtag ist der 31.12.2011.

Trends:
Im Betrachtungszeitraum werden alle signalisierten Käufe/Verkäufe innerhalb der Aufwärtstrends analysiert.

Kauf-/Verkaufsimulation:
Die Signalerzeugung erfolgt nach Handelsschluss zum Wochenende. Als Kauf-/Verkaufskurs wird der Eröffnungskurs des ersten Handelstages in der Folgewoche angesetzt.

Basiswerte:
DAX und SDAX

Performanceanalyse:
Dargestellt wird die prozentuale Veränderung zwischen Kauf und Verkauf, ohne Berücksichtigung von Kosten oder individuellen steuerlichen Gegebenheiten. Es zählt allein die Performance der erzeugten Signale.

Hier die Ergebnisse der 3-GD-Strategie:

3 GD-Strategie DAX					
Datum Einstiegs-signal	Kurs Einstieg	Datum Ausstiegs-signal	Kurs Ausstieg	Veränderung in Prozent	Was wurde aus 5.000 € ?
08.03.02	5.360	10.05.02	4.861	-9,3%	4.535
30.05.03	2.991	21.05.04	3.842	28,5%	5.825
11.06.04	4.008	16.07.04	3.845	-4,1%	5.588
29.10.04	3.961	16.06.06	5.389	36,1%	7.602
15.09.06	5.932	18.01.08	7.293	22,9%	9.346
22.05.09	4.936	05.08.11	6.170	25,0%	11.683
					133,7%

Die folgende Grafik (Abb. 31) zeigt die beiden Kapitalkurven des Index und der Handelsstrategie im Zeitverlauf:

Abb. 31

In dem dargestellten Zeitraum (08.03.2002 – 31.12.2011) verzeichnet der Index einen Zuwachs von 10%, während die Strategie um 134% ansteigt.

3 GD-Strategie SDAX					
Datum Einstiegs-signal	Kurs Einstieg	Datum Ausstiegs-signal	Kurs Ausstieg	Veränderung in Prozent	Was wurde aus 5.000 € ?
08.03.02	2.443	28.06.02	2.365	-3,2%	4.840
02.05.03	1.966	06.08.04	2.785	41,7%	6.857
29.10.04	2.937	23.06.06	4.668	58,9%	10.898
20.10.06	5.063	10.08.07	5.801	14,6%	12.487
22.05.09	2.886	05.08.11	4.509	56,2%	19.509
					290,2%

Die folgende Grafik (Abb. 32) zeigt die beiden Kapitalkurven des Index und der Handelsstrategie im Zeitverlauf:

Abb. 32

In dem dargestellten Zeitraum (08.03.2002 – 31.12.2011) verzeichnet der Index einen Zuwachs von 81%, während die Strategie um 290% ansteigt.

Pauschal-Strategien

Neben dem engagierten Trendfolger, der eine ausgefeilte Handelsidee mit Risiko- und Moneymanagement bevorzugt, gibt es auch den eher bequemen Investor. Für ihn ist es reizvoll, Ein- und Ausstiegssignale einer Trendfolgestrategie zu definieren, doch die Integration des Risiko- und Moneymanagements sowie das Festlegen einer diversifizierten Produktauswahl erscheinen ihm eher lästig. Die wöchentliche Kontrolle der Stoppwerte, das individuelle Berechnen der Positionsgröße über das Einzelpositionsrisiko und schließlich die Beachtung des Gesamtrisikos vor Handelsentscheidungen erscheint kompliziert und schreckt manchen ab. Daher beschreibe ich zwei Pauschal-Strategien, die sich insbesondere für alle Anleger eignen, die sich mit den genannten Strategiekomponenten schwer tun und ihr Handeln auf möglichst wenige Regeln beschränken möchten.

Eine Pauschal-Strategie stellt speziell für längerfristige Trendfolgestrategien auf Wochenbasis eine vereinfachte Handelsidee dar, die lediglich aus dem Ein- und Ausstiegssignal sowie ein bis zwei Produkten besteht und in der das Risiko- und Moneymanagement durch eine feste Investitionsquote ersetzt wird.

Nachfolgend zeige ich eine „Long-only-Strategie“, die nur in Aufwärtstrends investiert und eine „Umkehrstrategie“, die ständig im Markt investiert ist.

Bei diesen Beispielen geht es nicht darum, eine möglichst hohe Rendite zu erwirtschaften, sondern mit einem abgespeckten Regelwerk über alle Marktphasen hinweg eine möglichst kontinuierliche und schwankungsarme Depotentwicklung zu realisieren.

Das 60er-Long-only-System

Zur Umsetzung dieser Strategie werden ein Tagesgeldkonto und ein Depot benötigt. Die Ein- und Ausstiegssignale werden einer der bereits beschriebenen Trendfolgestrategien entnommen. Da die weltweiten Aktienmärkte eine hohe Korrelation aufweisen, setzt diese Handelsidee auf einem einzigen Produkt, einem Index oder Aktienfonds Ihrer Wahl, auf und verzichtet auf eine umfangreiche Produktauswahl. Hierbei sollte ein europäischer oder global anlegender Aktienfonds zum Einsatz kommen oder ein allgemeiner Index wie beispielsweise der DAX oder SDAX ausgewählt werden.

Auf dem Tagesgeldkonto wird das zur Verfügung stehende Kapital geparkt, bis die Strategie zum Wochenende das erste Einstiegssignal zeigt. Ohne Risiko- und Moneymanagement zu beachten, werden einmalig 60% des aktuell vorhandenen Kapitals nach der Einstiegsregel der ausgewählten Strategie in das Produkt investiert. Die restlichen 40% bleiben auf dem Tagesgeldkonto angelegt.

Bei dem 60er-Long-only-System gibt es keinen Nachkauf innerhalb eines längerfristigen Aufwärtstrends. Es wird nur einmal zu Beginn eines Trends investiert. Die Bedingung, einmalig 60% des Kapitals einzusetzen, begrenzt automatisch das Gesamtrisiko. Sollte sich der signalisierte Aufwärtstrend als Fehlsignal herausstellen und die Investition mit beispielsweise 10% Verlust ausgestoppt werden, so verlieren Sie bei einer schnellen Trendwende, ohne Berücksichtigung von Transaktionskosten, rund 10% des investierten Kapitals, also 10% der 60%-Investition = 6,0% des Gesamtkapitals.

Zeigt nun die Strategie nach dem Bruch des mittelfristigen Trends ein Ausstiegssignal, so wird die komplette Position nach der Ausstiegsregel verkauft und der Erlös fließt zurück auf das Tagesgeldkonto. Da nur in Aufwärtsphasen eine Investition stattfindet, bleibt das Kapital in Abwärtsphasen sicher auf dem Tagesgeldkonto geparkt. Zeigt die Handelsstrategie nach einer Abwärtsphase wieder ein Einstiegssignal in einen neuen Aufwärtstrend, so werden erneut 60% des aktuell vorhandenen Gesamtkapitals in das Produkt investiert. Diese Aktionen wiederholen sich immer nach demselben Schema.

Das 60er-Long-only-System setzt sich zusammen aus zwei unterschiedlichen Kapitalverläufen. Zum einen die stabile Entwicklung des Tagesgeldkontos und zum andern die Entwicklung der Börseninvestition. Die Entwicklung Ihres Gesamtkapitals (Investition + Tagesgeldkonto) verläuft insgesamt kontinuierlich und zeichnet sich durch eine relativ schwankungsarme Kapitalkurve aus. Die nachfolgende Grafik (Abb. 33) zeigt die Entwicklung von 10.000 €, die einerseits einmalig im DAX angelegt wurden und andererseits nach dem 60er-Long-only-System in den Index und als Tagesgeld (ohne Berücksichtigung von Zinsen) investiert wurden. Zur Erzeugung der Ein- und Ausstiegssignale werden in diesem Beispiel die Handelsregeln der Trendhoch-Strategie verwendet. Zeitraum: 08.03.2002 – 31.12.2011.

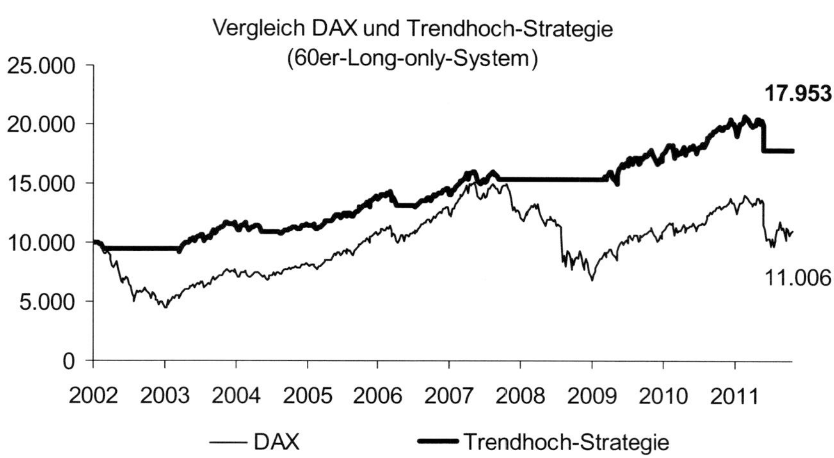

Abb. 33

Der Chart zeigt die positive Kapitalentwicklung bei Aufwärtstrends sowie den Kapitalerhalt in Abwärtsphasen, was insgesamt zu einer stabilen Depotentwicklung führt.

Sehr interessant wird es, wenn eine regelmäßige Kapitalaufstockung in das 60er-Long-only-System integriert wird. Dabei wird wöchentlich (alternativ auch monatlich) ein fester Betrag auf das Tagesgeldkonto eingezahlt. Während der Investitionsphase innerhalb eines Aufwärtstrends steigt der Saldo auf dem Tagesgeldkonto stetig an, was die Depotstabilität deutlich erhöht. In den investitionsfreien Phasen wird konstant Kapital aufgebaut, damit nach einem Abwärtstrend entsprechend mehr Investitionskapital für eine neue Aufwärtsphase zur Verfügung steht. Durch diese permanente Kapitalaufstockung verläuft die Depotentwicklung insgesamt dynamischer und stabiler.

Beispiel: Vorhandenes Kapital: 10.000 €, wöchentliche Kapitalaufstockung: 50 €. Um die Kapitalkurve des 60er-Long-only-Systems mit Kapitalaufstockung objektiv beurteilen zu können, vergleichen wir sie mit der Verlaufskurve des Index, in welchen einmalig 10.000 € angelegt werden und wöchentlich ebenfalls 50 € dazu kommen.

Beim Index ist stets das gesamte Kapital im Markt investiert, was insbesondere in einem starken Aufwärtstrend den Depotwert deutlich ansteigen lässt. Die Kapitalkurve des 60er-Long-only-Systems wird in diesen Phasen langsamer ansteigen, da nur die ursprünglichen 60% investiert wurden, um dann in den Abwärtsphasen durch Stabilität zu überzeugen.

Die folgende Grafik (Abb. 34) vergleicht die beiden Kapitalkurven der Strategie und des Index beim DAX als Basiswert:

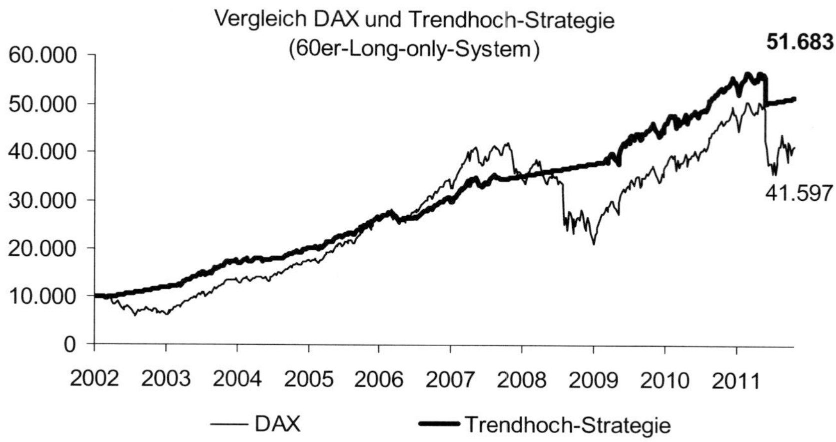

Abb. 34

Die Kapitalkurve des 60er-Long-only-Systems verzeichnet insgesamt einen schwankungsarmen kontinuierlichen Anstieg, auch wenn sie in manchen Phasen der Index-Entwicklung hinterher hinkt. Sie sehen aber auch, wie in einer starken Abwärtsphase, in welcher das System nicht im Markt investiert ist, das Kapital der Strategie allein durch die wöchentliche Aufstockung weiterhin stabil wächst.

In der Abwärtsphase (Mitte 2007 – Anfang 2009) fällt der Depotwert beim Index zwischenzeitlich von über 42.400 € um ca. 50% auf rund 21.300 € zurück und läuft am Ende des Betrachtungszeitraums bei rund 41.600 € aus. Dies kann die Psyche des Anlegers zeitweise stark belasten. Jede Variante hat ihren Reiz, wobei für manchen Investor eine schwankungsärmere Methode wesentlich nervenschonender sein kann. Beim 60er-Long-only-System wächst das Depot in dem dargestellten Zeitraum von 10.000 € auf rund 51.700 € an.

Auch die Produktauswahl entscheidet über Chancen und Risiken einer Strategie. Die folgende Grafik (Abb. 35) zeigt das 60er-Long-only-System mit Kapitalaufstockung beim dynamischen SDAX:

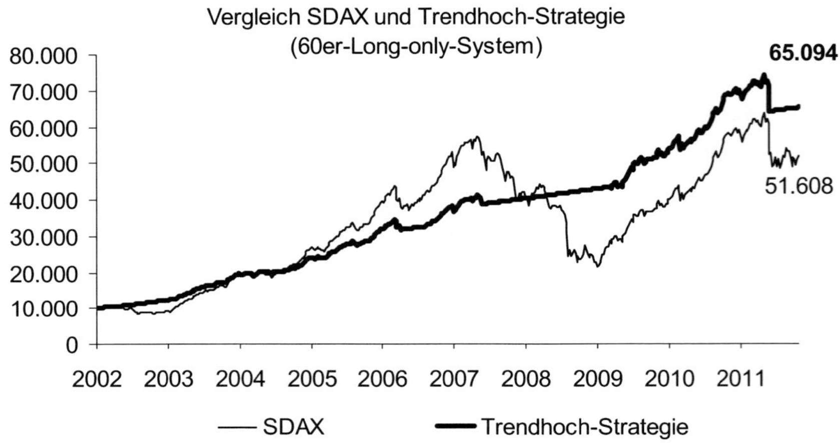

Abb. 35

Die Investition in den Index mit wöchentlicher Aufstockung zeigt auch hier zeitweise eine deutliche Outperformance gegenüber dem 60er-Long-only-System und wächst in der Spitze im Jahr 2007 auf über 57.000 € an, um danach, in der Abwärtsphase, auf rund 21.300 € zurück zu fallen. Der Wert der Index-Investition liegt zum Ende des Betrachtungszeitraums bei rund 51.600 €. Das Depot des 60er-Long-only-Systems wächst im dargestellten Zeitraum kontinuierlich von 10.000 € auf rund 65.100 € an.

Nachdem Sie die Funktionsweise des Long-only-Systems verstanden haben, können Sie selbst nach Ihrer persönlichen Risikoneigung die Investitionsquote festlegen. So mag der defensive Investor eher ein 40er-Long-only-System anwenden, während der offensive Anleger mit einem 80er-Long-only-System auf Renditejagt geht.

Beispielhaft habe ich beide Alternativen mit Kapitalaufstockung in den folgenden zwei Grafiken (Abb. 36 und 37) dargestellt. Zur Signalerzeugung habe ich diesmal beim SDAX die Multi-Indikator-Strategie und die 3-GD-Strategie verwendet.

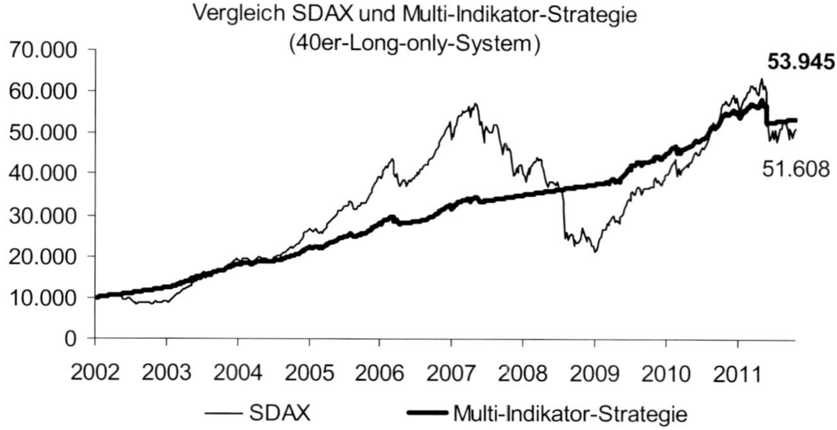

Abb. 36

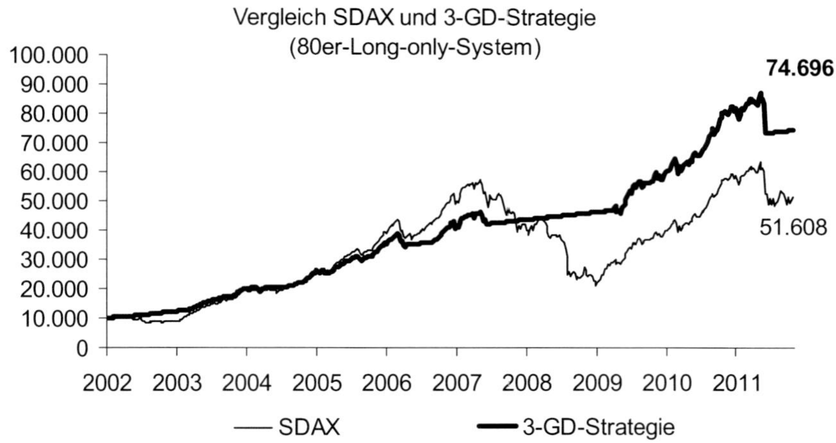

Abb. 37

Das 70 / 20er-Umkehrsystem

Nach der „Long-only-Variante“, die nur in Aufwärtsphasen eine Position eröffnet und in Abwärtsphasen das Kapital sicher auf dem Tagesgeldkonto parkt, gehe ich einen Schritt weiter und konstruiere ein Umkehrsystem, welches permanent im Markt investiert ist und abwechselnd sowohl Long- als auch Shortpositionen eröffnet. Damit habe ich ein weitgehend marktneutrales Handelssystem definiert.

Viele der einzeln beschriebenen Trendfolgestrategien sind so konstruiert, dass der Einstieg in einen etablierten längerfristigen Trend erfolgt und der Ausstieg, aus Risikogründen, bereits beim Bruch des mittelfristigen Trends stattfindet. Dazwischen gibt es immer wieder investitionsfreie Phasen. Beim Aufbau eines Umkehrsystems versucht man die großen langfristigen Trends durch geeignete Ein- und Ausstiegssignale zu lokalisieren, steigt dann in einen etablierten Trend ein und verkauft erst beim Bruch des langfristigen Trends wieder die Position. Gleichzeitig wird dann eine Position in die Gegenrichtung eröffnet. Daher müssen die benutzten Indikatoren der Kursentwicklung etwas mehr Schwankungsbreite einräumen, als es die meisten der beschriebenen Trendfolgestrategien tun.

Ich beginne mit einer ganz einfachen 2-GD-Strategie. Zur Signalerzeugung werden zwei gleitende Durchschnitte verwendet, die durch ihr Kreuzen die jeweilige Trendphase anzeigen. Zur Erzeugung von Ein- und Ausstiegssignalen kommen im Wochenchart ein kürzerer EMA über 10 Wochen und ein längerfristiger SMA über 30 Wochen zum Einsatz. Liegt zum Wochenende der EMA über dem SMA, dann wird zum Beginn der nächsten Handelswoche eine bestehende Shortposition geschlossen und eine neue Longposition eröffnet. Liegt zum Wochenende der EMA unter dem SMA, dann wird zum Beginn der folgenden Handelswoche eine bestehende Longposition geschlossen und eine neue Shortposition eröffnet.

Auch in dieser Strategie werden anstelle des Risiko- und Moneymanagements feste Quoten definiert, die genau regeln, wieviel Prozent des jeweils aktuellen Gesamtkapitals in eine Long- oder Shortposition investiert wird. Da Abwärtsphasen meist steiler und volatiler verlaufen als Aufwärtsphasen, wird bei Shortinvestitionen deutlich weniger Kapital eingesetzt, mit dem Ziel, die Kapitalkurve insgesamt schwankungsärmer und stabiler zu halten.

Liegt zum Wochenende der EMA 10 über dem SMA 30, dann wird mit 70% des aktuellen Gesamtkapitals eine Longposition zum Handelsbeginn der Folgewoche eröffnet und mit diesem Betrag beispielsweise ein DAX-ETF gekauft. Auch bei diesem Umkehrsystem gibt es keine weitere Aufstockung innerhalb eines längerfristigen Trends. Die restlichen 30% bleiben auf dem Tagesgeldkonto und stabilisieren das Gesamtdepot.

Liegt per Wochenschlusskurs der EMA 10 unter dem SMA 30, dann wird zur nächsten Handelseröffnung in der Folgewoche die Longposition geschlossen und mit 20% des aktuellen Gesamtkapitals eine Shortposition eröffnet. Mit dieser Summe wird dann beispielsweise ein ShortDAX-ETF gekauft, der die Entwicklung des DAX invers, also genau umgekehrt, abbildet. Damit ist das Kapital mit begrenztem Risiko in allen Marktphasen investiert.

Wie beim 60er-Long-only-System laufen auch hier parallel zwei Kapitalkurven nebeneinander her. Zum einen die Investition in das Produkt und zum anderen die Entwicklung des Tagesgeldkontos. In Summe ergibt sich daraus eine relativ stabile marktneutrale Entwicklung des Gesamtkapitals.

Die folgende Grafik (Abb. 38) zeigt die Entwicklung von 10.000 €, einmal in den DAX investiert und zum andern die Kapitalkurve des 70 / 20er-Umkehrsystems, ebenfalls mit dem DAX als Basiswert. Zeitraum: 25.01.2002 – 31.12.2011.

Die Entwicklung der beiden Kurven spricht für sich:

Abb. 38

Die nächste Grafik (Abb. 39) zeigt dieselbe Strategie beim SDAX (Zeitraum: 08.03.02 – 31.12.2011):

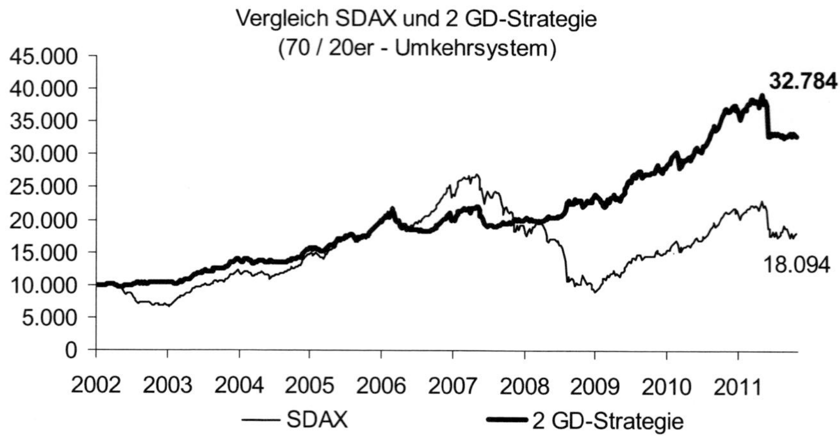

Abb. 39

Nun integrieren wir bei diesem Umkehrsystem die regelmäßige Kapitalaufstockung aus dem Beispiel des 60er-Long-only-Systems und schauen uns das Ergebnis an. Vorhandenes Kapital: 10.000 €, wöchentliche Kapitalaufstockung: 50 €.

Um die Kapitalkurve des 70 / 20er-Umkehrsystems objektiv beurteilen zu können, vergleichen wir sie wieder mit einer Kapitalkurve aus einer Investition in den Index. Dabei werden einmalig 10.000 € in den Index investiert und wöchentlich kommen 50 € dazu.

Die folgende Grafik (Abb. 40) zeigt die Kapitalkurve der Strategie im Vergleich zum DAX:

Abb. 40

Sie sehen den kontinuierlichen Verlauf der Kapitalkurve des 70 / 20er-Umkehrsystems über alle Marktphasen hinweg. Der Depotwert steigt im dargestellten Zeitraum von 10.000 € auf rund 58.000 € an.

Tauschen wir den Basiswert gegen den SDAX aus. Die folgende Grafik (Abb. 41) zeigt den Verlauf der beiden Kapitalkurven:

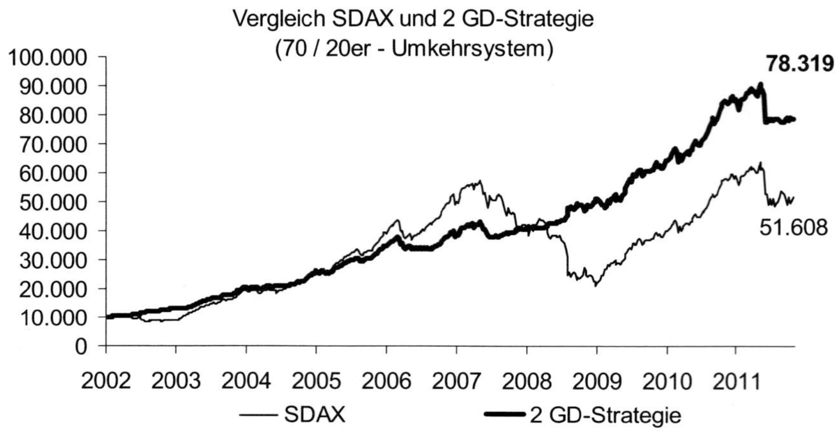

Abb. 41

Während die Anlage in den Index von 10.000 € auf rund 51.600 € steigt, entwickelt sich der Depotwert beim 70 / 20er-Umkehrsystem kontinuierlich auf 78.300 €.

Von den im vorderen Teil des Buches beschriebenen Trendfolgestrategien eignet sich ein spezielles Handelssystem sehr gut zur Konstruktion eines Umkehrsystems: Die EasyVelope-Strategie.

Gemäß den beschriebenen Handelsregeln der EasyVelope-Strategie können sich Long- und Shortpositionen permanent abwechseln. Befinden sich der Kurs und der EMA über den Envelopes, wird eine Longposition aufgebaut. Sobald der Kurs und der EMA unter die Envelopes tauchen, wird in eine Shortposition gewechselt. Schauen wir uns abschließend in den folgenden zwei Grafiken (Abb. 42 und 43) die EasyVelope-Strategie als 70 / 20er-Umkehrsystem mit Kapitalaufstockung beim DAX (01.03.2002 – 31.12.2011) und beim SDAX (08.03.2002 – 31.12.2011) an:

Abb. 42

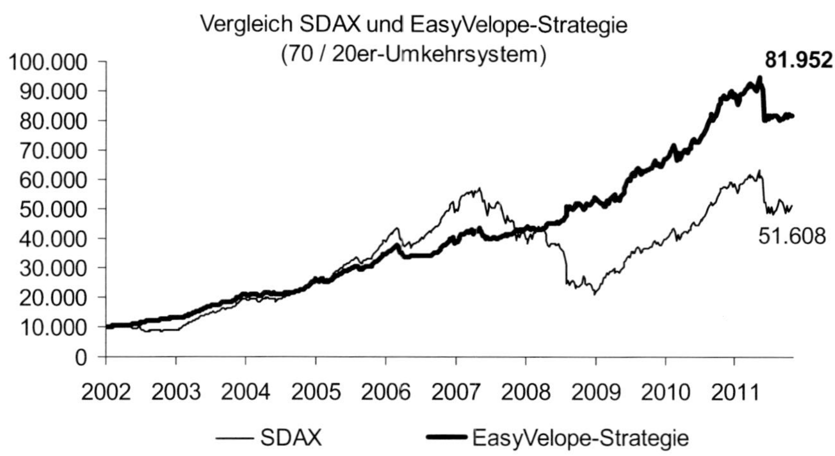

Abb. 43

Auch das Umkehrsystem kann als defensive Variante konstruiert werden. Die folgende Grafik (Abb. 44) zeigt beispielhaft die Umsetzung eines 50 / 15er-Umkehrsystem mit der EasyVelope-Strategie und dem DAX als Basiswert. (Einmalanlage 10.000 € mit wöchentlicher Kapitalaufstockung von 50 €).

Abb. 44

Alle Beispiele verdeutlichen die Wirkungsweise von Pauschal-Strategien mit dem Ziel, eine schwankungsarme kontinuierliche Depotentwicklung zu erreichen. Nehmen Sie die jeweiligen Indikatoreinstellungen und Investitionsquoten dieser Systeme als Anregungen für eigene Entwicklungen.

Übersicht aller vorgestellten Trendfolge-strategien

Die Trendhoch-Strategie
Aroon (12), MACD (10/15/1), EMA (3), SMA (30), SlowStochastik (30/2)

Die Multi-Indikator-Strategie
Aroon (8), MACD (5/25/1), SlowStochastik (30/2), Envelopes (25/2,0%)

Die Trendwechsel-Strategie
Aroon-Oszillator (18), Envelopes (30/2,5%)

Die Indikator-Mix-Strategie
Aroon (15), SlowStochastik (25/2), EMA (5), SMA (20), MACD (10/20/1)

Die Kurs-Ausbruch-Strategie
Aroon (15), EMA (3), SMA (35)

Die EasyVelope-Strategie
EMA (3), Envelopes (25/2,5%)

Die 3-GD-Strategie
EMA (3), SMA (8), SMA (35)

Die 2-GD-Strategie
EMA (10), SMA (30)

Schlussbetrachtung

Wir sind am Ende angekommen. Ich habe Ihnen den Aufbau und die Funktionsweise verschiedener mittel- bis langfristiger Trendfolgestrategien im Wochenchart vorgestellt. Das Ziel ist es, mit wenig Aufwand und einer transparenten Börsenstrategie, an den Märkten trendfolgend und profitabel zu handeln.

Weg von ziellosem „Aus-dem-Bauch-heraus-Gezocke", hin zu klaren Regeln auf Basis mathematischer Berechnungen. Das einzig reale ist der Chart, er gibt die Richtung vor. Der Markt wird selten so laufen wie man es gerne hätte. Er kann nicht 100-prozentig prognostiziert werden, aber das Verhalten und die Emotionen der Marktteilnehmer werden immer ähnlich sein.

Nehmen Sie die einzelnen Modelle als experimentelle Grundlage für Ihre eigenen Entwicklungen. Es geht mir in erster Linie darum, Ihnen verschiedene Bedingungen und Regeln vorzustellen, wie mit technischen Indikatoren Strategien definiert werden können. Spielen Sie mit den Einstellungen und Kombinationen. Ich habe mich auf eine handvoll Indikatoren beschränkt, mit denen ich meine Handelsideen definiert habe. Tauschen Sie die einzelnen Komponenten der vorgestellten Strategien untereinander aus. Schauen Sie sich weitere Indikatoren zur Messung der Trendstärke an, ob diese in Ihren Strategien Platz finden. Was Ihnen nicht zusagt wird nicht benutzt. Nur so können Sie am Ende von Ihrer eigenen Strategie überzeugt sein.

Testen Sie alles, was Ihr Analysetool an Indikatoren zu bieten hat. Dann haben Sie nicht das Gefühl, dass Sie den „Superindikator" übersehen haben. Diesen gibt es ohnehin nicht. Diese Erkenntnis muss jeder selbst machen. Wo die Jagd nach dem heiligen Gral aufhört, fängt der strategische Börsenhandel an.

Halten Sie Ihre Strategie schlank (wenige Indikatoren), flexibel (keine Überoptimierungen) und übersichtlich in der Darstellung. Dadurch wird sie robust und auf viele Produkte und Märkte anwendbar. Kombinieren Sie immer mehrere Indikatoren miteinander, um Fehlsignale zu minimieren und Handelssignale zu bestätigen. Wählen Sie bewusst Produkte aus, die schwankungsarme Trends ausbilden. Ein Index mit 30 Werten wird immer stärker schwanken, als ein Fonds mit fünfmal so vielen Einzelwerten.

Verzetteln Sie sich nicht in zu vielen unterschiedlichen Systemen. Weniger ist hier mehr! Letztendlich reicht eine solide Strategie vollkommen aus, um langfristig erfolgreich an der Börse zu sein. Dennoch können Sie auch darüber nachdenken, vielleicht zweigleisig zu fahren. Die Verwendung von zwei Handelsideen mit unterschiedlichen Ansätzen kann zur weiteren Stabilisierung Ihrer gesamten Anlagestrategie beitragen. Sie haben hier absolute Gestaltungsfreiheit, nutzen Sie diese.

Im Laufe der Zeit werden Sie möglicherweise feststellen, dass das Kapitalwachstum zum Nebeneffekt wird. Die Faszination kommt direkt von der selbst definierten Strategie, die sich in der Praxis erfolgreich an den Kapitalmärkten bewährt.

Schauen wir uns abschließend noch einmal die unterschiedlichen Grundprinzipien der einzelnen Strategien an.

In der <u>Trendhoch-Strategie</u> erfolgt eine Trenderkennung und innerhalb des Trends ein Einstieg bei einem neuen Hoch, welches nochmals übertroffen werden muss. Dies ist eine Trendfolgestrategie in Reinkultur, da nur neue, bestätigte Hochs einen Einstieg möglich machen. Die Handelsidee eröffnet eher vorsichtig eine neue Position, in einem etablierten Aufwärtstrend.

Bei der <u>Multi-Indikator-Strategie</u> werden vier aufeinander abgestimmte Indikatoren kombiniert. Das ausschlaggebende Handelsignal wird durch eine Mehrheitsentscheidung der Indikatoren erzeugt (drei von vier zeigen identisches Einstiegs- oder Ausstiegssignal an). Diese Strategie wird in der Regel etwas früher als die Trendhoch-Strategie reagieren, dafür aber vielleicht auch mal ein Fehlsignal mehr produzieren. Dennoch kann die Rendite höher ausfallen, da ein früherer Einstieg in guten Marktphasen von Anfang an etwas mehr Ertrag erwirtschaftet.

In der Trendwechsel-Strategie kommt es nicht nur darauf an, einen neuen Trend zu lokalisieren, sondern auch die Trendstärke spielt eine wichtige Rolle. Die Intensität der Aufwärtsbewegung ist hier von entscheidender Bedeutung. Der Einstieg erfolgt erst dann, wenn der Trendwechsel angezeigt wird und wenn die Trendstärke über einer bestimmten Marke liegt.

Bei der Indikator-Mix-Strategie werden mehrere Indikatoren kombiniert und aufeinander eingestellt. Aufgrund der einheitlichen Signalgebung aller drei verwendeten Instrumente erfolgt der Einstieg in eine Position. Zusätzlich wird eine Trenderkennung in die Handelsidee integriert, welche sicherstellt, dass die erzeugten Signale nur in Trendrichtung umgesetzt werden.

Sobald der Kurs bei der Kurs-Ausbruch-Strategie innerhalb eines größeren Zeitrahmens nach oben ausbricht und ein neues Hoch erzeugt, signalisiert dies den Einstieg. Die Indikatoren, welche auch das Ausstiegssignal erzeugen, bestätigen zusätzlich den Aufwärtstrend.

Bei der EasyVelope-Strategie werden zwei Indikatoren kombiniert, was eine recht einfache Handelsmethode darstellt. Die Handelssignale werden erzeugt durch einen sehr kurzfristigen EMA, der durch die Envelopes läuft. Während der EMA extreme Kursschwankungen neutralisiert, filtern die Envelopes zusätzlich Fehlsignale heraus. Diese Strategie eignet sich auch zur Konstruktion eines Umkehrsystems.

In der 3-GD-Strategie kommen nur gleitende Durchschnitte zum Einsatz. Ein aufgefächertes Chartbild, in dem die Kurven von kurzfristig nach längerfristig übereinander angeordnet sind, signalisiert eine Positionseröffnung. Sobald der mittelfristige Trend bricht, wird die Position geschlossen.

Bei den Pauschal-Strategien geht es um die Konzeption relativ einfacher Handelsideen. Ein minimales Regelwerk, bestehend aus Ein- und Ausstiegssignal sowie einer Investitionsquote bilden das Handelssystem. Durch die Kombination von Tagesgeld und anteiliger Börseninvestition erhalten Sie eine stabile positive Kapitalentwicklung. Durch die Integration einer regelmäßigen Kapitalaufstockung entwickelt sich das Depot noch dynamischer und bleibt kontinuierlich auf Wachstumskurs. Natürlich kann auch jede andere Trendfolgestrategie mit der beschriebenen Kapitalaufstockung ergänzt werden.

Alle Strategien kommen mit fast identischen Indikatoren aus, wobei die Einstellungen und Kombinationen stets neu definiert wurden. Maßgeblich sind jedoch die unterschiedlichen Bedingungen und Regeln, welche die Handelsideen in ihrem Ergebnis voneinander abheben.

Wenn Ihnen eine mittel- bis langfristige Börsenstrategie mit wenig Zeitaufwand zusagt, wenn Sie anhand konkreter Signale eigene Handelsentscheidungen treffen möchten, dann starten Sie jetzt durch. Finden Sie selbst heraus, welche Strategie oder Systematik Ihnen am meisten liegt und stellen Sie die Indikatoren so ein, dass die Ergebnisse zu Ihrer Anlagementalität passen.

Nachdem Sie viele verschiedene Instrumente getestet und kombiniert haben, werden Sie Ihre eigene selbstdefinierte Handelsidee in der Praxis anwenden können. Dann hat dieses Buch seinen Zweck erfüllt.

Ich wünsche Ihnen viel Erfolg an der Börse und uns allen stabile und lang anhaltende Trends.

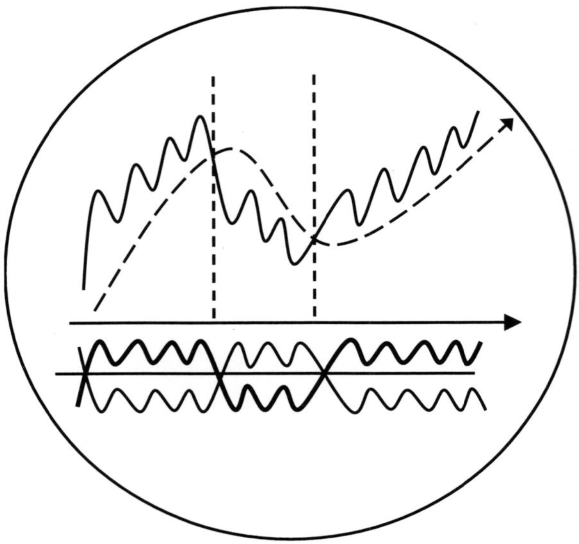